大隈重信、中国人を大いに諭す

大隈重信＝著
倉山 満＝監修

現代語訳『日支民族性論』

祥伝社

大隈重信、中国人を大いに論ず

現代語訳『日支民族性論』

おことわり：本書は、1915年（大正4年）に初版が出された『日支民族性論』を現代語訳し、改題・復刊したものです。歴史的資料としての観点から、明らかな誤記や誤字をのぞき原文を尊重したため、現代の感覚では不適切と思われる表現も残しています。あらかじめご了承ください。

人物の生没年や王朝の興亡年を補注しましたが、その多くは諸説があります。あくまでも便宜上のものとしてご理解ください。

原文では強調個所に黒丸の圏点がついていますが、これを太字に改めました。

また、「大隈重信　述」とあるのを著者とし、上下に分巻されているものを１冊にまとめました。

はじめに

本書『日支民族性論《にっしみんぞくせいろん》』（『大隈重信、中国人を大いに論ず』に改題）は、大隈重信《おおくましげのぶ》が現職首相の際に口述し、若き日の堤康次郎《つつみやすじろう》が書き起こし、出版したものである。文体は難しくないが、なにぶん大正時代に書かれたものなので、一般的な読者のために現代語に改めた。それでも歴史的な固有名詞が多く読みにくいかもしれないから、可能な限り注釈をつけた。

大隈重信は言わずと知れた早稲田《わせだ》大学創始者である。二度にわたり総理大臣の地位に就《つ》くなど、大物政治家でもあった。

後に西武グループ創始者となる堤康次郎は、このころ早稲田大学を卒業したばかりの青年企業家で、手がける事業のすべてに失敗していた。出版に際しても独特の才覚があったようだが、利益をだすまでにはいかなかった。その中には、出来栄えに感心した大隈が各方面に無料頒布《はんぷ》したので何の利益も出なかった、というような苦労譚《たん》もあったようだ。

本書は、支那《しな》（当時は中華民国）の民族性を言い聞かせ、日本の方策を説く構成となっている。現代人が読めば、「ネトウヨ」と断じるに違いない中身である。大隈の断定ぶりと比較すれば、現在の安倍晋三《あべしんぞう》首相など左翼リベラルとしか思えなくなるだろう。現職首相が「ネトウヨ」本を出版した！　一般の読者には、そう思って読んでいただければよい。最初は興味本位で構わないと思う。

では、なぜ大隈はこのような本を世に問わねばならなかったのか。当時、大隈内閣は、いわゆる「対華《たいか》二十一カ条の要求」で内外世論の批判にさらされていた（そのときの様子は30ページ）。それに対し、大隈個人の支那観を述べるための出版という意味合いが強い。

十九世紀中盤、日本と清《しん》は同時に西洋の脅威にさらされた。しかし、維新を成功させた日本と「眠れる獅子《しし》」でありつづけた清の明暗は分かれた。

我が国は世界に冠たる大日本帝国として、西太平洋から東アジアにかけて無敵の帝国として君臨していた。内政においては、大正デモクラシーの果実を謳歌《おうか》していたころが大隈内閣の時代だった。そこに欧州大戦（後に第一次世界大戦と呼ばれる）が勃発《ぼっぱつ》し、事実上は圏外にいた我が国は戦争特需で経済は絶好調となった。日英同盟の誼《よしみ》で対独参戦し、瞬《また》く間に太平洋と山東省《さんとうしょう》からドイツを駆逐し、この地域で日本のやることに異を唱えることができる国は、もはや存在しない勢いとなった。

一方の支那大陸では、日清戦争敗北を契機に日本を見習って改革しようと試みた勢力は敗北し、それどころか義和団《ぎわだん》事件のような排外運動を激化させ、それがかえって列強の介入を招来していた。一九一一年、辛亥《しんがい》革命により清朝は転覆《てんぷく》し、翌年元旦に中華民国《ちゅうかみんこく》が建国される。だが、中央政府には何の力もなく、各地で軍閥が跋扈《ばっこ》し、支那大陸全土が無法地帯と化していた。今のアフガニスタンやイラク、あるいはシリアと同じである。

要するに、中華民国政府には治安維持能力がなかったのだ。これを国際法用語で「条約遵守《じゅんしゅ》能力の欠如」という。自分の国の治安が守れない――警察が機能せず犯罪が罷《まか》り通る、まともな裁判も行なわれないので被害者は泣き寝入り、そもそも軍隊が率先して掠《りゃく》奪《だつ》・強姦・殺人を繰り返す――という国が外国との約束を守れるはずがない。

清国が中華民国になって、輪をかけて条約破りの常習国となった。当然、日本も含めて各国とも中華民国には権益がある。当時の民国政府は「不平等条約を無理やり押しつけられた」「侵略だ」「植民地主義だ」と外国を批判し、約束に基《もと》づいた大陸にある外国の企業を破壊し、外国人に危害を加えた。最近の中華人民共和国でも似たようなことがあったが、あれの大規模版だ。もっとも中国という国の本質は、何も変わっていない。

こうした背景があって、大隈重信内閣は「二十一カ条要求」を突きつけた。

なお、「二十一カ条要求」との言葉自体が中華民国のプロパガンダである。日本政府が突きつけたのは、「十四カ条の要求」と「七カ条の希望」だったが、「希望」の部分もいっしょにして、いかに自分たちが圧迫されているかを世界にプロパガンダしたのだった。

日本が突きつけた「要求」とは「まともに国際法を守れ」である。日本と結んだ条約を守るのはもちろん、「人を殺すな」「犯罪が発生したら警察や裁判所は仕事をしろ」「その程度のことも守れない国にパスポートを発給できるか」「まともな国と国としての付き合いをしたいなら、ちゃんとしろ！」という内容である。

本書は、支那人の民族性を、歴史・社会・習俗などから説きおこしてこき下ろしつつも、結論は意外と穏当である。現在の日中関係を考えるときの参考になるのではないか。

現職首相が出版した「ネトウヨ」本、まずはご堪能いただきたい。

平成二十八年七月

倉山《くらやま》 満《みつる》

目次

装丁　盛川和洋

その一　この遺伝性をどうしたものか

支那《しな》は三千有余年の古い文明の要素を持っている。しかし、その間に累積してきた多くの悪弊《あくへい》のために、ついに今見るような、四肢《しし》が倦怠《けんたい》したあげく、みずから扶起《ふき》する（立て直す）こともままならないといった病的現象を呈している。

支那が翻《ひるがえ》ってこの点を自覚し、旧来の陋習《ろうしゅう》を改めて、その固有の文明を現代の文明と同化させ、支那みずからがうまく国を治めるようにならなければ、彼らは長く苦しまなければならないし、ひいては、世界の平和を害することにもなるのだ。

わが国の対支《たいし》（対支那）政策は、この病的状態から支那を覚醒《かくせい》させ、それによって、この国の健全な発達を促《うなが》すということのほか、なんら他意のあるものではない。ただ、この精神に本《もと》づいて支那を扶掖《ふえき》（扶助）し、列強の競争が激甚《げきじん》となる渦中《かちゅう》にあって、永遠の東洋平和の基礎を確立しようと欲したにすぎない。

ところが支那は、あまりに頑僻《がんへき》（かたくなな性質）を変えないので、世界の大局、東洋の大勢にうまく通じることができず、しかも、あまりに猜疑《さいぎ》や嫉妬の念が深いので、わが国の善隣《ぜんりん》の好誼《こうぎ》（隣国のよしみ）を正しく理解して、自国の将来に有利な忠言にも十分に耳を傾けることができない。

ややもすれば、忘恩《ぼうおん》と背信の行為の多いことは、まったく顰蹙《ひんしゅく》の極《きわ》みであるが、このようなことは、ほとんどその遺伝性によるものである。もはや尋常で一様な舌頭《ぜっとう》の教訓（言葉のおしえ）では、容易に功を奏《そう》しないほど頑固な痼疾《こしつ》（持病）となってしまっている。

しかしながら、艱難《かんなん》（困難に対する苦悩）は人を玉にするという。こういうわが国も、敵国外患《がいかん》によって三百年（江戸期）の太平《たいへい》の夢がひとたび破れてから、鋭意固有の東洋文明を欧州文明と結合させたことで、今日の日本の文明をうまく現出《げんしゅつ》したのである。

支那も日本から学びさえすればよい。それで、国家は安全に立っていくのである。

ところが、支那というのはどういうわけか、敵国外患が起こったことで、ある程度まで覚醒し、新文明に移ろうと努力しているのかと思えば、困難が去ると、すぐさま逆戻りしてしまう。それが平常の状態である。

そこで知ることになるのである。長い期間続いてきた遺伝的疾患はゆらぐことなく、容易に抜くことのできないものであることを。

その二　まず、最近の歴史から見る

古い歴史はさておき、一八四〇年にアヘン戦争があり、一八五七年から一八六〇年にかけて北支那《きたしな》に対する英仏同盟軍の攻略（アロー戦争）があった。

こういった外部からの圧迫が頻々《ひんぴん》とやってくるのに続いて、内部の動揺が生《しょう》じ、ついにあの洪秀全《こうしゅうぜん》（一八一四―一八六四）による内乱が起こった。そのため一時、清朝《しんちょう》は亡《ほろ》ぶかに見えたが、わずかに曾国藩《そうこくはん》（一八一一―一八七二）などの英傑が現われてそれを平定した。

このときはじめて、支那は長い夜の眠りから覚《さ》め、欧州文明を学ぶ志《こころざし》を起こしたのだった。いうまでもなく曾国藩は、支那近代でも稀《まれ》に見る人物であり、政治上、軍事上で卓越した手腕を有し、根本的大改革の意見を蓄《たくわ》えていった。

科挙《かきょ》の制度のようなものも、そのときに廃止されるはずであった。それが多少の日時を経過するだけで、すぐに閑却《かんきゃく》（なおざりに）されるのだから仕方がない。けれども、曾国藩の改革は、軍隊の編制、兵器、あるいは砲台の築営《ちくえい》といったような物質面では多少の効果があった。

そのころ、また北辺で内乱が起こって、ロシアと事《こと》を構《かま》えることとなった。つまり、回《かい》疆《きょう》（東トルキスタン）新疆《しんきょう》（ウイグル人居住地）でマホメットの酋長《しゅうちょう》（イスラム教徒集団の長）が反乱し、ロシアを頼ったのである。

ロシアは多くの回教徒《かいきょうと》（イスラム教徒）を支配しており、しかもその態度は、支那の彼らに対する態度よりもはるかに寛大《かんだい》だった。その版図《はんと》（勢力範囲）はシリアから小アジア（現在のトルコ）に膨張《ぼうちょう》して、多くの回教徒を内側に収めているが、それへの対処もたいへん寛大である。

その本国ではギリシャ旧教（ギリシャ正教）を奉《ほう》じて国教と定め、国教以外の信者には圧制（圧政）を加えているという。ただ、それは本国内のみに限られた現象であって、征服した民族に臨むときはすべて寛大である。この寛大さが、彼らをここまで膨張させた要因であり、シベリアから中央アジアに至る広漠《こうばく》な大領土を嚢括《のうかつ》する（包みこむ）ようになったことも、けっして偶然ではない。

そうであれば、回疆・新疆の酋長がロシアに頼るのは、もとより当然だろう。彼らは、支那の政治よりもロシアの政治を喜んでいる。民心が早々に支那から離れているのである。

すでに彼らはロシアに頼って独立を図ったから、このことが、たいそう面倒な問題をひきおこした。露清《ろしん》はたがいに戦おうとしたが、当時はまだロシアにシベリア鉄道はなかったし、そのうえ、支那は大いに覚醒して新文明をしきりに輸入していたところだったから、これを表面から見れば、ともに争いがたい形をなしている。

ましてや、曾国藩の子の曾紀沢《そうきたく》（一八三九―一八九〇）という人もまた有名な政治家で、フランスに行ってその国語を学び、会話も巧《たく》みである。

曾紀沢が、かの地で論じたのは「支那は眠れる獅子である。ひとたび覚めればたいへんだ」ということであった。

この難件の交渉にはロシアも困って、内々に日本へも相談に来たのだったけれども、当時の日本は封建の後、廃藩《はいはん》の跡始末《あとしまつ》で内がまだうまく治まっていない。とうてい外に手を伸ばせる時機ではなかったから、体《てい》よく断った。

曾紀沢が支那を眠れる獅子といったことは、けっして一場《いちじょう》（その場かぎり）の大言《たいげん》ではなく、みずからもそのように信じ、また、ややもすれば、イギリス、フランス、ロシアなどもそのように思いこんでいたかもしれない。

とかくあれこれするうちに、長髪賊《ちょうはつぞく》（洪秀全の一派）を平定した将軍の左宗棠《さそうとう》（一八一二―一八八五）が兵を率《ひき》いて西伐《せいばつ》し、新疆の乱を平《たい》らげ、ふたたびその版図を支那の手に回復するようになったので、ロシアもついに支那に屈してしまった。

ひとたび強露《きょうろ》（強いロシア）を屈させたと思った支那は、たちまち傲慢《ごうまん》となり、こうしてわれわれ日本をも侮《あなど》るようになったのだった。

その三　支那《しな》の日本に対する侮辱

それから、朝鮮における支那の活動が起こった。

朝鮮が世界に紹介されたのは、実に明治八年のことで、わが国の力によるものだった（江華島《こうかとう》事件のこと）。その七年後、つまり明治十五年に衝突（壬午事変《じんごじへん》）が起こり、（朝鮮におかれた日本の）公使館に対する焼打ちがあった。

そこで、日本と支那がともに兵を朝鮮に入れたが、両国の兵が同じところにいるのだから、いつかは衝突しないわけにはいかず、それよりわずか二年を隔《へだ》てた明治十七年に、両国の兵が衝突した。これを金玉均《きんぎょくきん》（一八五一―一八九四）の乱と称する。金玉均は竹添《たけぞえ》公使（竹添進一郎《しんいちろう》、一八四二―一九一七）に連れられて日本に亡命した（ようするに、乱は失敗したのである）。

朝鮮における支那の勢力は、このときをもって隆盛を極《きわ》め、日本はやむをえず、一時は旗を撤《てつ》して（旗を下ろして）朝鮮の地を去らないわけにはいかないという状況となった。

しかし日本は、それが将来に及ぼす影響が重大であることを察し、翌十八年、伊藤《いとう》公（伊藤博文《ひろぶみ》、一八四一―一九〇九）を支那に派遣すると、両国間で新たに天津《てんしん》条約（一八八五）を結んだ。両国とも、すぐに兵を朝鮮から撤しなくてはならず、いったん有事の際にも、まず、たがいに通告してから兵を入れなければならないことを規定した。

それでも、両国の葛藤《かっとう》は避けることができず、東学党《とうがくとう》の乱が起こると、支那は天津条約を無視して、ほしいままに朝鮮に出兵し、ついに日清《にっしん》戦争となったのである。

金玉均の乱があった当時、袁世凱《えんせいがい》（一八五九―一九一六）はまだ一介の青年士官であった。なんでも二十六、七歳くらいだったろう。それが李鴻章《りこうしょう》（一八二三―一九〇一）に認められ、その抜擢《ばってき》を受けて、ついに朝鮮公使となった。

彼は、日本を侮《あなど》りきっており、以来十年の長い期間、朝鮮で威力を振るっていた。このときの袁の軍事面および政治面で見せた才略は、日本人にも認められたように、また朝鮮人からも大きな徳とされていった。

こうして朝鮮は、名実ともに支那のものとなった。大院君《たいいんくん》（一八二〇―一八九八）なども少しも動くことができなかったのである。

そんなこともあって、支那はいよいよ日本を侮った。が、このときは、まず支那が覚醒して新文明を入れ、艦隊にはイギリス人を、軍隊にはドイツ人を雇い入れていたときで、考えるに、こうやって臨めば日本は与《くみ》しやすいものだと。

当時、支那には戦闘艦が二隻あって、いずれも七千五百トンであるのに対し、日本には軍艦らしい軍艦がなく、わずかに巡洋艦《じゅんようかん》が少しあるだけで、それも最も大きなのが四千トンくらいにすぎなかった。そこで、示威《じい》運動（デモンストレーション）として、丁汝昌《ていじょしょう》（一八三六―一八九五）がその艦隊を率い、広東《かんとん》を出ると品川《しながわ》湾にやって来た。

わが朝鮮公使館も、外交官も、支那に対してはまったく顔色《がんしょく》なし（圧倒されっぱなし）であった。この勢いをもってすれば、なんとしても日本と支那のあいだには大衝突がなければならないのだが、日本は竹添の失敗以後、大いに忍《しの》んでいた。

すると支那は、いよいよ傲慢《ごうまん》となった。ついに、明治二十七年の東学党の内乱から、しだいに禍因《かいん》（わざわいのもと）を醸成《じょうせい》して、明治二十七、八年のいわゆる日清戦役《せんえき》となったが、これも、（日本にしてみれば）忍びに忍んだあげく、もはや忍ぶことのできない状況に至った結果の大爆発に他ならない。

そのころまでは、世界はまだ支那のことを強国と見なしていた。イギリスなどは、ロシアの南下を防ぐには支那に頼らなくてはならないと信じていたので、支那との関係はたいへん親しかった。

当時、イギリスはまだ日本を微弱だと思っていたのである。もちろん、そのころから日本は将来強くなれる国と考えたらしいけれども、とうてい支那とは比較の段でない。なんとしても支那である。ましてや支那は「眠れる獅子」である。これがひとたび覚醒《かくせい》すれば、強大となり、獣王の威《い》をよく振るうとだけ思っていた。

さらに、支那とは大きな利害関係（対ロシア）があることもあり、これによってイギリスは、いよいよ支那に贔屓《ひいき》をした。そのため、日清戦争が起こると非常に心配し、日本と支那が争うことは、東洋の平和にとってたいへん不利となるとしたのである。

アメリカは、日本に対して強い友誼《ゆうぎ》を有していたが、日本の国力を認めるまでに至らなかったのはイギリスと同じで、一時は日本が勝っても、とうてい最後は支那には勝ちがたいものとして憂《うれ》えてくれた。

日本にしても、はなから十分に意を決したうえで、あえて支那との勝負を決着しようと欲したわけでもなかったが、あまりに支那が傲慢であったから、なりゆきで衝突を避けることができなくなった。もはや英米の友誼的忠告も手遅れで、その効はなく、ついに両国は干戈《かんか》（軍事力）に訴えて黒白《こくびやく》をはっきりさせようということになったのである。

その結果、**支那の真相が世界に暴露されてしまったのである。暴露されてみると、考えていたような眠れる獅子などではなく、息を引きとって四肢《しし》がすでに冷たくなった老獅《ろうし》（老いた獅子）であった。支那はこの際にこそ、ほんとうに覚醒《かくせい》するべきであった。**

北支那戦争のときには天子《てんし》（清皇帝）が熱河《ねつか》に蒙塵《もうじん》（都落ち）し、引きつづいて長髪賊の内乱があったから、支那はこの苦痛によって、このとき、大いに覚醒するべきであった。

しかし、いかんせん、その後の改革の多くは物質的方面、とくに軍事上のものだけに止《とど》まり、なんら欧米の新文明とは何かを理解し、そうして国際関係上における自国の弱点を自覚して、その憂えから長く免《まぬが》れようとするといった、日本のような努力がなかった。

そのため、日清戦役を招き、それによって、ふたたび起《た》つことのできないような打撃を受け、全世界にその内兜《うちかぶと》（弱い内情）を見透《みす》かされてしまった。支那に対する世界の見方と感情は一変し、このときより（国際社会の）大勢は支那分割に向かって進んだ。それだけに、支那の一大覚醒は、まさにこのときでなければならないはずだった。

その四　苦しいときの神頼み

これによって支那《しな》は、日本を恨むというよりも、むしろ日本に対する真の友誼《ゆうぎ》が生《しょう》じ、日本に学ぼうとする気運が醸《かも》しだされて、留学生が続々と日本に来た。

この覚醒《かくせい》の先駆者は、光緒帝《こうしょてい》（一八七一―一九〇八）である。日本に亡命していた康有為《こうゆうい》（一八五八―一九二七）を科挙《かきょ》の法によらずに抜擢《ばってき》し、ともに時務《じむ》（そのときの急務）に励精《れいせい》して、いわゆる変法自疆《へんぽうじきょう》の策《さく》（西洋技術による近代化ではなく、国政の改革による変化が必要）を立てた。今日、民国《みんこく》政府（中華民国、一九一二―）がつとめているような諸般《しょはん》の改革などは、すでにこの時点で試みられていたのである。

そのころのことである。光緒帝みずから、わが明治大帝（明治天皇）を訪問し、あえて日本と支那の両国を兄弟《けいてい》の国と呼んで、わが大帝に兄事《けいじ》して大革新を遂《と》げたいと謀《はか》られた。この覚醒こそ、真の覚醒であった。

日清戦役で支那がどうして脆《もろ》くもわが国によって破られたかといえば、それはいうまでもなく、古来の積弊《せきへい》（つもりつもった弊害）を除《のぞ》くことができなかったからである、今、それを除こうとされたのであった。

ところが、このことが西太后《せいたいごう》（一八三五―一九〇八）の耳に入ると、西太后はすぐさま光緒帝を幽閉《ゆうへい》し、みずから国政を総攬《そうらん》（掌握《しょうあく》）し、光緒帝の改革に参与したものはすべて排《はい》斥《せき》された。そして、その結果、日本排斥の声が盛《さか》んになった。

この日本排斥の声は、実に亡国の声であって、日本に学ぼうという声は、実に興国《こうこく》の声である。亡国か、興国か、ああ、ついに支那はいずれを選ぼうとするのか。

冷静に観察してみると、彼らが日本に学ぼうとした時期は、つねに打撃を受けたときである。ところが、この苦痛が去ると、一転して日本排斥の声となる。

さて、その後の支那はどのようになったかといえば、すぐに団匪《だんぴ》（義和団《ぎわだん》）の乱が起こった。これは実に、日本戦役が馬関《ばかん》条約（下関《しものせき》条約）で解決を着いてから五カ年にして起こったものである。

そのとき北京《ペきん》に入ったロシア軍は、盛んに日本人を排斥したのであったが、日本軍が最も規律が厳粛で、支那人に対しても、武器をとるものの他は少しも凌虐《りょうぎゃく》することなく、よく彼らを保護してやった。この点においては、日本軍が連合軍のなかでも一番だった。「秋毫《しゅうごう》（わずかばかり）も犯さず」という言葉は、ただこのときの日本軍をあらわすのに適用されるほどのものであった。

これによって、北京の警察権はことごとく日本に託《たく》されたので、支那人も深く日本を信頼することとなった。その結果、事件が落着すると、多くの書生が日本に送られ、軍事、警察、政治、財政、経済など、みなが日本よりそれらの書物を持っていった。

苦痛が去れば日本を排斥し、苦痛が来れば日本を信頼する。いったい、どういった理由からなのか。そのあいだの心理状態はたいへん怪しいもので、ほとんど想像もできないほどに変態（病的な状態）が多い。

威圧すれば、非常な恐怖心を生じ、恐怖心はやがて依頼心となり、そして、表面に現われたところだけで見れば、大いに謝恩の感情が高まっている。

それなら、この状態が継続していくべきはずなのに、喉元《のどもと》を過ぎるとすぐに熱さを忘れてしまう。いつも苦しいときの神頼みである。

神というものは、普段より信仰されるべきものであるのに、ただ苦しいときだけ手を合わせて拝む。どうも直覚的に物へ触《ふ》れた刹那《せつな》（一瞬）にのみ、喜怒哀楽の感情が強烈に現われる。支那の国民性は、これほどまでに堕落《だらく》している。

こういうふうに政治をして、それで国家が安全に維持されるであろうはずがない。もはや長年月間の経験に顧《かえり》みて、この弊害を除却《じょきゃく》する念が起こるべきであるのに、これが起こらないとは不思議である。

人は経験を尊《たっと》ぶ。それによって、どんなときに苦痛が来て、どんなときに苦痛が去るかを知らなければならず、したがって、その不利となる態度や精神を改めなくてはならないから、たんに功利的説明を用いたとしても、すぐにわかるはずであるのに、これがわからないのは、いったい、どういうわけなのか。

ましてや、このような情弊《じょうへい》（私情がらみで起こされる弊害）について、過去の支那の立法者や聖人たちが口を極《きわ》めて教えを垂《た》れている。支那にはインドより来た仏教があって、その因果律《いんがりつ》の思想がいくぶん民心を支配してはいるが、なんといっても、形式上は今なお儒教国である。であれば、それらに耳を傾けて、みずから道に進むべきであるのに、そうはならないのはなぜだろう。

ついで日露戦争が起こった。この戦争の原因には朝鮮のこともあるが、同時にまた支那も関係している。

支那とロシアは約二百年間、国境問題で交渉している。ピョートル大帝（一六七二―一七二五）のころには、ロシアの勢力が黒龍江《こくりゅうこう》あたりまで伸びてきたのであるが、もともと支那の北辺は遊牧の民がいるところであったから、見るべき勢力の集中もなく、真の戦争らしい戦争もなかったけれども、たびたび争いごとはあって、コサック騎兵などが出動していたのであった。

そこで、ロシアと支那の両国のあいだで、たびたび交渉があり、ネルチンスク条約（一六八九）からアイグン条約（一八五八）に至るうち、支那はしだいに譲歩し、とうとう一兵も動かさないうちにアムールあたりから沿海州《えんかいしゅう》までをとられてしまった。

ロシアはしだいにこの方面へと膨張する一方なので、支那はこれを非常に恐れ、また憂《うれ》いていたが、団匪の乱を経《へ》るうちに、ロシアは名実ともに東三省《とうさんしょう》（中国東北部、旧満洲の地）を占領した。そして、団匪の乱が平定されたのちも、ロシアは辞《じ》を左右に托し（あいまいにして）、撤兵を承諾しない。

そこで日本は、イギリスやアメリカと合同して、その非理《ひり》（道理の逸脱）を責めたが、ロシアは傲然《ごうぜん》として耳を貸さない。これがそのまま日露戦争の一因をなし、ついに両国は干《かん》戈《か》を交《まじ》えることとなったのである。そして、わが戦勝の結果、ロシアの勢力を南満《なんまん》（満洲南部）の地から駆逐《くちく》することができたのであった。

これによって、支那は急に、また日本を信頼するようになり、日本から学ぶこととなった。それは、早稲田《わせだ》大学にも支那教育部が設《もう》けられるほどで、わざわざ大学から人を支那に派遣し、張之洞《ちょうしどう》（一八三七－一九〇九）や他の人々と打ちあわせて学生たちを教育することとした。来日して学ぶものがあまりに多いので、早稲田大学以外の学校にも多数の支那学生を収容するところがあり、かれこれ支那の学生は二、三万人も来たであろう。

日本からも、多くの人が支那に雇われていく。支那は、中央も地方も、盛んに日本人を招聘《しょうへい》し、顧問といえば、ことごとく日本人という観があった。その力によって支那で一大革新を行なおうとしたのである。

　また、支那からも視察と称して、皇族も来れば、その他の大官《たいかん》（高官）も来る。彼らは、とくに憲法の取調べに来ていた。一般の政治、財政、司法、警察というようなものも、みな、その範《はん》を日本に仰《あお》ぎ、いっさいの法律や命令、つまり教育令とか、衛生法とか、警察法とかいうようなものも、みな日本のものの翻訳だった。

　もっとも、そのまま行なわれたかどうかは知らないけれども、形式だけはこのようなものであった。

　しかし彼らは、ただ模倣に急いだため、その意までに十分に徹底していなかった。それで、外国人などとの交渉のときにも、疑義《ぎぎ》を生じて解説に苦しむ場合があると、日本の公使館まで説明を求めにきた。滑稽《こっけい》な話ではあるが、実際に彼らは、その義《いみ》に通じることができていないにもかかわらず、そのまま日本の法令を用いたのだった。

その五　このたびの交渉の経過は、このようなもの

彼らの感情は、まったくもって極端から極端へと行く。日本の排斥《はいせき》が、支那《しな》じたいの力ではうまくいかないからといって、他国の力に頼ろうとする。そこでアメリカに頼みに行く。それから、とくにドイツへ頼みに行く。

ドイツは、支那人の心理状態を利用した。それが日本人排斥に向かっていることを知ると、巧みにその機に乗じて、支那への迫害を試み、とうとう山東省《さんとうしょう》を占領することで、東洋の平和に対する将来の禍根《かこん》を植えつけた。

幸いに、日独戦争の結果、その山東にあったドイツ勢力を掃討《そうとう》できたのであるが、それにもかかわらず、長年にわたって扶植《ふしょく》された（広く植えつけられた）ドイツの勢力が、いまなお日本を排斥する。そして支那人は、日本に与《くみ》しようとはせず、かえってドイツ人を助けて、ともに日本を排斥しようとするのだ。

その忘恩《ぼうおん》の態度は、まったく唾棄《だき》すべきものではないか。それが、このたびの交渉において も、遺憾《いかん》なく現われたのである。

だいたい、このたびの、わが国の対支《たいし》交渉は、日独戦後という区切りにおいて、日本と支那の永遠の平和の基礎を確立しようとする誠意から出たものだ。それなのに、彼らは、まったくその反対の考えを持ち、外国の勢力に頼ることで、むしろ日本の要求を緩和しようとした。

日本排斥の感情は、この三カ月間の談判《だんぱん》(交渉)の経過の中で、はっきりと見てとれた。なぜならば、談判の初期、関係両国ともに、その内容を極秘とする約束があったにもかかわらず、彼らはこれを少しも秘することなく、すべて漏《も》らしたからである。

しかも、漏らすにしても、事実を事実として、ありのままに漏らすのならまだよい。しかし、これを誇大し、いかにも日本が強勢をもって支那を苦しめているかのように、支那の新聞や外国の通信員などに通知した。

そして、はじめのうちは、わが要求に少しずつ応じるようであったが、しだいに変化し、四月ごろより態度を変え、排斥に転じるようになった。五月一日になると、ほとんど

その五　このたびの交渉の経過は、このようなもの

その立ち位置を変えたかのようで、長期間にわたり忠実に交渉してきた案件の、すでに合意したものまで破った。

ついに、支那の側から、ほとんど最後通牒《さいごつうちょう》といってよいものを、わが国に送ってくるに至った。支那人の豹変《ひょうへん》の性格を、このわずか三カ月の交渉のあいだに、縮図《しゅくず》として見せられたかのような観がある。

なぜ、支那の最近の亡状《ぼうじょう》（無礼なふるまい）が、このようにして起こったのかということだが、これは、二千年前の戦国時代の策士がいうところの、遠交近攻《えんこうきんこう》（遠くにある国家と結ぶことで、近隣の国家を牽制しようとするもの）の策略をとったものに他ならない。こうした策略が、何度、支那の国運を危《あや》うくしたかしれないが、いまなお懲《こ》りずに、同じ策略を繰りかえすのであった。

彼らの思惑《おもわく》は、こうである。日本は支那を侮《あなど》るけれども、外国を恐れている。そして、今度の日本の要求を、外国は承服《しょうふく》しないだろう。だから、日本の恐れる外国の勢力を借りて、抑《おさ》えてやろうと。それを、なんとか奏功《そうこう》したかのように考えたのだった。

いまひとつは、日本国内になんらかの策略を施《ほどこ》して、その国論の一致を弱体化しよう。

内閣の中にも温和派がいるらしい。そうすれば、閣議も一致しないかもしれない。ましてや、この内閣には敵が多く、その敵は絶えず内閣の蹉跌《さてつ》（つまずき）を望んでいると。だから、曠日弥久《こうじつびきゅう》（これといって策のない長い期間）のうちには、なんらかの変化を生じるにちがいない。そういった空想をいだき、しきりに反論をしかけてきたようである。

それと同時に、わが国の新聞の論調にも、いくつもの弱点を示すものがあった。与論《よろん》（社会的合意）を代表すると見られている新聞には、支那人を惑《まど》わせる（彼らの肩を持ち、期待させる）ようなものが、たくさん現われた。こうなってくると、私は、ただ支那人だけを批判するわけにはいかない。日本にも、まだいくらか東洋流の弊害が残存していて、ことあるごとにそれが現われる。

平常時であるならともかく、国運永久の消長にかかわるような大切な時機にあって、興奮し、公正な判断力を失い、大きな過誤《かご》におちいるのであれば、たいへん困ったことだ。もちろん、こういったときには、どこの国民もそうなるのであろうが、日本人は、なかでもとくに、その悪弊に富《と》んでいるようである。

やれ、どこに策士が集合したとか、ある大臣がどうしたとか、枢密院《すうみついん》がどうだとか、この類《たぐい》の、わが国の外交に不利益となる文字が、しばしば日々の紙上に現われた。およそ、わが国の外交の歴史がはじまって以来、もっとも拙劣《せつれつ》な現象を呈《てい》したのは、このたびの交渉期間における新聞の文字であったろう。

たんに党派的な、いわゆる節操《せっそう》のない、ちっぽけな感情に駆《か》られて、なんら思慮のない文字を連《つら》ね、それが、わが永久の国運の将来に関し、子孫万世《ばんせい》の否泰《ひたい》（非運と好運）に及ぼすことを顧《かえり》みないとは、論外である。

だが、一般の判断力はそれほど乏しいわけではない。だから、わが国民がこれによって誤《あやま》ることは、多少あるにしても、大きな問題ではない。

ただし、それが、支那人になると、日本の国情に通じるところが浅い。そこで、先ほどのようなものに依存し、これならば行けるといって腰を据《す》える。

元来、日本には、北京政府を苦しめる気などないから、革命以後、まだ日が浅く、内治《ないち》においても幾多の困難があることを察《さっ》して、実行さえしてくれればよいから、このことは条約の文面には表わさない、というふうに、だんだんと譲ってやる。すると、支那人は、日本の政府がまだ新しく、基礎が不安定だから、そろそろ主張が弱くなってきた、これなら、いま少しは行けるなどといって、ますます傲慢《ごうまん》になってくるのだった。

彼らは、自分たちが権謀術数《けんぼうじゅっすう》を用いて、ことを処するものだから、相手もまた同じようにやるだろうと考える。このような皮相的《ひそう》ともいえる観察が、彼らを誤らせたことによって、やむをえず、わが国から支那に最後通牒を送るしかないということになった。

はたして、これが（一九一五年五月）七日の午後三時に先方に着いたわけだが、日本のこうした決意が、ひとたび彼らに知れわたると、彼らは、いまだその最後通牒を受けとらないうちから騒ぎだした。そして、五日から六日にかけて、先に交渉を中止せざるをえなくなった私たちの要求諸件に対し、いくらかずつ歩み寄り、返事をしはじめてきているのだ。

最後通牒を突きつけられた瀬戸際《せとぎわ》に臨《のぞ》むと、また、こういう態度に変わる。これが、支那人固有の性質であって、いまに始まったことではない。

習慣は、第二の天性《てんせい》であるという。この支那人固有の悪《あ》しき性質も、長いあいだの歴史で養われて今日に至り、ついに第二の天性として成立を見たのであろう。この民族性が改善されないかぎりは、その外交、政治、教育、社会、風俗の上に現われた力が、たがいに

集合して、最後に支那を亡ぼさねば終わらないであろう。

支那では、古来、大きな革命だけでも二十二、三回、それに小さなものまで加えれば、指を折るひまがないほどに多い。では、そのたびごとに、思想上、国民性の上に大きな変化があったかといえば、なんらの痕跡もない。

つまり、支那の改革は、ただダイナスティ（王朝）が交替するだけで、なんらその文明の上に新しい要素を加えることはないのである。

ところが、これに対して、古代の支那の思想が残り、今日もなお、その教育の材料となりつつあるものには、民心を新たにすべき（改めるべき）ことを明言したものが多くある。

第一に、孔子《こうし》（紀元前五五二―紀元前四七九）の『大学《だいがく》』には、「民を親《あら》（新）たにするに在《あ》り、至善《しぜん》（最高善の境地）に止《とど》まるに在り」という句がある。これは実に、千古不磨《せんこふま》（永遠にすり減ることがない）の格言である。治世《ちせい》の要《かなめ》は、民を新たにし、これを新たにして止まるべきではないところにある。

国勢の発展は、この上にあるべき正しい道理がなければ、たちまち沈滞する。もとより革命が起こるのは、この理由に基づく。つまり、社会が古い慣習にとらわれ、政治が古い習俗に滞《とどこお》り、そのために国勢が行きづまって、どうしようもない極限に至ったとき、外殻《がいかく》を破って、雛《ひな》が生まれるかのようにして現われるのが、革命の常の径《みち》である。

それなのに何ごとか、支那の革命は、いつも同じことだけを繰りかえしている。聖人が昔からこのことを戒《いまし》めて、教えを垂《た》れてきたのであるが、支那は古来、文教の国であると誇張して自称するばかりであった。支那人は、小児のときから、聖人の金の言葉に親しんでいるにもかかわらず、そのとおり実現できないまま、今日に至るのは、なぜなのか。

このことは、将来、支那を研究し、支那国民の開発をみずからの責務と認める者が、まず明らかにしておくべき喫緊《きつきん》の要点であろう。そこで私は、小《ささ》やかではあるが、その先駆として、ここに研究の端緒《たんちょ》を啓《ひら》くことにしたい。

その六　尚古《しょうこ》の陋風《ろうふう》と始皇帝《しこうてい》の英断

古代支那《しな》の文明は、周《しゅう》（紀元前一〇四六－紀元前二五六）の時代に極盛《きょくせい》に達した。つまり、唐虞三代《とうぐさんだい》（陶唐《とうとう》氏による堯《ぎょう》、有虞《ゆうぐ》氏による舜《しゅん》、夏《か》・殷《いん》・周の三代）を継続した文明が、周で完成し光彩を放ったのである。政治、哲学、文明、芸術の一切にわたって、実に卓越した文明を持っていた。今日の支那文明もまだ、その時代の遺産である。

つまり、『書経《しょきょう》』と『詩経《しきょう》』、これが熟して（通用して）普通に「詩書《ししょ》」といい、このうち書経は尚書《しょうしょ》と称し、礼記《らいき》、儀礼《ぎらい》とともに支那の法制の基本をなすもので、古代支那の制度と文物はみな、そこに収められている。『詩経』は古詩を集めたもので、『楽《がく》』もこれに含まれる。

つづいて、魯《ろ》（紀元前一〇五五―紀元前二四九）の歴史に褒貶《ほうへん》の義《いみ》を含めて書いた『春秋《しゅんじゅう》』と、幽玄な哲学を説いた『易《えき》』とがある。

これらを一括して「五経《ごきょう》」と称し、茫々《ぼうぼう》（はるか）二千数百年の久しいあいだ、なお伝えられて今日にまで存在している。

「夏《か》（紀元前二〇〇〇年前後）は忠を尚《たっと》び（尊び）、殷《いん》（紀元前一七〇〇年ごろ―紀元前一〇四六）は質（内面）を尚び、周は文（外見）を尚ぶ」というが、周は「文」のみでないと見え、文《ぶん》質彬々《しつひんぴん》（外見と内面の調和）ともいっている。つまり、殷の「質」も兼ね備《そな》えたものと見える。

この時代までが支那における政治の理想的時代で、後世に政治を語るときは、必ずこれらの時代を典型としていった。そして、「古《いにしえ》を尚び、先王《せんおう》の道を言う」の風潮は、これより萌《きざ》した。

このような思想の鼓吹《こすい》（共鳴）には、孔子《こうし》たちの罪も少しある。孟子《もうし》（生年不明―紀元前二八九）なども、あれほど傲慢で独断的な思想家であったけれども、この「尚古《しょうこ》の気習《きしゅう》」から蟬蛻《せんぜい》する（迷いから覚める）ことができなかった。

場合によっては、「舜《しゅん》（古代中国の五帝《ごてい》のひとり。神話時代の理想的君主）も人なり、我《われ》も人なり」などとはいうけれど、すぐに、その舌は唐虞三代を説き、王道とは何かを説いているのだ。こういった思想が後世まで長く文明の発達を妨《さまた》げ、古を尚んで今を賤《いや》しみ、古い時代ほどよくて新しい時代ほど悪いと信じるようになった。これが、ややもすれば、「澆季《ぎょうき》の世（世の終わり）は云々《うんぬん》」と言うのを常とするようになった理由である。

また支那は、昔より形式を尊ぶ風潮があって、「敬礼《けいれい》三百、威儀《いぎ》三千」と称していたから、起居進退《ききょしんたい》（立ち居）、動容周旋《どうようしゅうせん》（ふるまい）の些末《さまつ》なところにわたる点にまで、いちいち、それぞれの作法があったものと察することができる。

それが、周代までの諸侯が朝覲会同《ちょうきんかいどう》（君主の前に揃《そろ》って拝謁《はいえつ》する）の秩序を整えるのに用いられる。これが、その間に辞令として磨《みが》かれていったのだが、春秋《しゅんじゅう》の時代（紀元前七七〇―紀元前四〇四）に十二諸侯《じゅうにしょこう》（主要十二国）の競争があると、その交際に用いられ、いわゆる外交辞令となって、美文の巧妙なものとなった。

それから、戦国時代（紀元前四〇三―紀元前二二一）となり、七雄《しちゆう》（韓《かん》・趙《ちょう》・魏《ぎ》・楚《そ》・燕《えん》・斉《せい》・秦《しん》）がたがいに覇《は》を争うようになったのだが、これを今にたとえれば、あたかもイギリス、フランス、ドイツ、ロシア、オーストリア、イタリアに、スペインを加えたようなもので、春秋時代の外交辞令は、ここに再び流れて戦国策士の遊説《ゆうぜい》となった。つまり、権謀《けんぼう》術数《じゅつすう》の世である。

同時に、強者に対する同盟が起こった。すなわち、今のドイツ、オーストリア、イタリアの同盟が一方にあれば、それに対してイギリス、フランス、ロシアの同盟が生まれるというような理屈だろう。これを合従連衡《がっしょうれんこう》と称した。

すると、このあいだに多くの策士たちが立ち働いて、諸方に遊説すると、その君主の意を動かすのにつとめた。つまり、マキャベリズム（国家存続のためには手段を選ばない）が大規模に行なわれ、彼ら説客《ぜいかく》の三寸不爛《さんすんふらん》の舌（巧みな弁舌）のうえに、各国の離合向背《りごうこうはい》（くっついては仲たがいをする）も、治乱興亡《ちらんこうぼう》も自由にあつかわれたという。

一方で、この春秋時代に至ると、周の文明は批評的に見られるようになる。諸子百家《しょしひゃっか》（孔子をはじめとする学者たち）の学派が競って起こり、ほとんど三、四百年の長いあいだ、たがいに論争を続けていた。そして、戦国時代に入って、孟子や荀子《じゅんし》（生年不明―紀元前二三八）が現われる。

さらに、時代の必要性から、兵を論じる者が現われれば、外交を論じる者も現われる。また、致富策《ちふさく》（金もうけの方法）を論じる者も現われる。ある点においては、春秋時代よりも戦国時代のほうがかえって進歩の現象を見せていたが、そうはいっても、処士横議《しょしおうぎ》（銘々《めいめい》が勝手な議論をする）のために支那の思想界は乱れに乱れ、もはや単純な王道のみでは立ちいかなくなった。

これによって、王道を迂《う》（遠回り）として顧《かえり》みず、生存競争の猛烈な巷《ちまた》に立ってこれを統御《とうぎょ》していくには、なんとしても法律を借りなくてはならない理由から、新たに刑名《けいめい》の学

（実際の行ないと言葉による名目の一致を求める考え方）を生じた。

その極みに、秦《しん》（紀元前七七〇―紀元前二〇六）が六国《りっこく》（韓・趙・魏・楚・燕・斉）を亡ぼして天下を統一すると、有名な政治家の李斯《りし》（生年不明―紀元前二一〇）をとりあげて宰相《さいしょう》とした。そして、儒生《じゅせい》（儒学者）を排斥して、道学《どうがく》を主張し、刑名によって国を治めるという策をとったのである。この改革は、それまでほとんど宗教的信念のようにして尊崇《そんすう》されてきた唐虞三代の政治を根底より覆《くつがえ》したものであった。

始皇《しこう》（始皇帝、紀元前二五九―紀元前二一〇）の胸中は、このように秦が法律によって天下を統一することが、子孫にわたって万世不易《ばんせいふえき》（永遠に変わらない）の法となると想ったのであろう。始皇が儒生を排斥し、彼らを坑《あな》（生き埋め）にしたといって、孔孟の徒《こうもうのと》（孔子や孟子の思想の信奉者）からは強く悪評《あくひょう》されるが、実は始皇帝は聡明《そうめい》な政治家であって、この革命を機会として、その国民性の上に新しい変化を試みたのである。

つまり、それは時の丞相《じょうしょう》（秦の最高官職）李斯の建白《けんぱく》（上に意見を申し立てる）に、「古は天下が散乱して、これをうまく統一することができなかったために、諸侯が並び起こり、語（言葉）もみな古いものばかり言っては、今を害し（軽んじ）、虚言《きょげん》を飾って、真実を乱したのです。

そうやって私的に学ぶところを是《ぜ》として、上が建立したものを誇《そし》っています。家に入れば、主の考えは心にあらず、外に出れば、巷で議論しては主を非《そし》り、そのことで名をなしているのです。このようなものを禁じなくては、主の勢力は上から降り、徒党が下から成りあがることになるでしょう。

そこで請《こ》う（お願いする）ところは、史官《しかん》（歴史を記録する官）で秦記《しんき》（秦の記録）でないものがあれば、みなこれを焚《や》きましょう。博士の職でもないのに諸子百家の語を蔵《ぞう》する（書籍を所有する）ものは、すべてこれを焚きましょう。古をもって今を非《ひ》とするものは、賊《ぞく》としましょう。もし法令を学ぼうとするものがあれば、官吏《かんり》を師とすべきです」

との言《げん》があるのを用いて、これを断行したのだった。

これだけのことを断行しなくては、従来分裂してしまっていた列国を合体して、そこに十分な統一的制度を立てることが、とうてい不可能であったからだ。これを悪評することは、まったく支那人の思想に横たわる根本の誤りである。民を新たにする治世《ちせい》の要《かなめ》はここにある。これでなくては、国勢の発展を期することができないのではないか。

儒者《じゅしゃ》は、自己の主張が始皇によって棄《す》てられたために、始皇のことを、ただ法律のみを用いて、道徳までを棄却《ききゃく》したかのように誹謗《ひぼう》するけれども、事実はそうではない。始皇は、儒学を棄てた代わりに、道学を採用したのであった。

その七　道学《どうがく》と儒学《じゅがく》の消長

道学《どうがく》は黄帝《こうてい》（五帝のひとりめ）のときに起こったものだが、周《しゅう》の初めには太公望《たいこうぼう》（紀元前一〇〇〇年ごろ）もまた、この学を主張して数百編の著述があり、それが秦《しん》のころまでは存在していたという。太公望ののちに、周の有名な大史《たいし》（暦《こよみ》や法を担当する官）である老聃《ろうたん》（老《ろう》子《し》、生没年不明）がさらにこれを発展させて著述をした。それで、後世には「黄老《こうろう》（黄帝と老子）の学」と称している。

秦が亡んで漢《かん》（紀元前二〇二―二二〇）となったあとにも、いぜんとして始皇帝が定めた法令を継承し、黄老の学を徳育《とくいく》に用いていたので、漢の四百年間の政治は、この基礎の上に建設されたものといえる。このときから、儒学《じゅがく》思想にひとつの革新を来《きた》し、後世にも漢の儒学は王道に覇道《はどう》（徳ではなく、知略や武力で行なう治世）を交《まじ》えたといわれるようになったのである。

支那《しな》が古来、幾多の革命を経《へ》たにもかかわらず、その文明の上になんら新しい要素を加えてこなかったのは、孔子の儒教を万古不易《ばんこふえき》の道と誤認して、宗教的偏執《へんしゅう》ともいえるものを抱《いだ》き、それにのみ拘泥《こうでい》して他を排斥《はいせき》してきたからである。

もちろん孔子も、儒教徒のなかでは大聖人にはちがいないけれども、神ではない。人である。したがって、その知識にはなお至らないところがあって、誤解がないともかぎらない。

が、古今にわたって見るかぎり、偉人が人を導く語は、たいていにおいて大差のないものである。それゆえ、その教えに私淑《ししゅく》する者は、すべてを大所《たいしょ》に着眼して、雄大な見地に立って攻究《こうきゅう》しなくてはならない。孔子が仁《じん》を説き、仏《ほとけ》が慈悲《じひ》を説き、キリストが愛を説くのも、その要点は同じところに帰する。

孔子が「仁」を力説するには、その気象（気性）の雄大さにおいて、仏やキリストに譲らぬものがある。

彼が言うには、「志士、仁人《じんじん》は生を求めて仁を害するなし。身を殺して仁を成すなり（志ある人や仁者は、おのれの生命のために「仁」の道に背《そむ》くようなことはしない。おのれの生命を捨てても「仁」をまっとうするのだ）」と。また言うのには、「仁に当たりては死に譲らず（『論語』にあるのは、「死に譲らず」ではなく、「師に譲らず」）」と。こういったものである。

孔子はまた、この「仁」について、知識よりは上ではあるが、それでも下にあるかのように説いている。

それで言うには、「知これに及ぶも、仁これを守る能《あた》わざれば、これを得るといえども、必ずこれを失う（道理を知ることができても、「仁」の道を守ることができなければ、いったんこれを得たところで、必ず失うことになる）。

智これに及び、仁よくこれを守るとも、荘《そう》をもってこれに涖《のぞ》まざれば、すなわち民《たみ》敬《うやま》わず（道理を知って、「仁」の道を守ることができても、荘重《そうちょう》な態度をもって臨まなければ、民衆は尊敬してくれない）。

智これに及び、仁よくこれを守り、荘をもってこれに涖むとも、これを動かすに礼《れい》をもってせざれば、いまだ善《よ》からざるなり（道理を知って、「仁」の道を守り、荘重な態度をもって臨んだとしても、民衆の心を動かすのには「礼」をつくさなければ、善処したとはいえない）」と。

いわば、孔子による儒学の生命とするところは、「礼」の攻究にあった。つまり孔子は、「詩書《ししょ》、執礼《しつれい》みな雅言《がげん》す（「礼」をとるときは、どれも上品な言葉づかいである）」といって、『詩経《しきょう》』『書経《しょきょう》』とともに「礼」を攻究することがその要諦《ようてい》であった。

しかし、これがそもそも後代に至るまで長く儒学の迷誤《めいご》となり、支那全国に「新民《しんみん》（民を親《あら》たにする）」の要素を欠き、国勢の発展を失わせた基《もと》となった。

孔子はまた、このようにも言った。

「わが行ないは『孝経《こうきょう》』に在《あ》り。わが志《こころざし》は『春秋《しゅんじゅう》』に在り。われ、これを空言《くうげん》に載《の》せんと欲するも、これを行事《こうじ》に見すの深切著名《しんせつちょめい》なるに如《し》かず（いくら抽象的な言葉をつくして説明しようとするよりも、これを行動で示したほうが、ずっと親切でわかりやすい）」と。

こうして、魯国《ろこく》の史記《しき》の春秋と称するものを、みずから筆削《ひっさく》して後代に残した。それが当時の歴史学であった。

孔子より以前に晋《しん》（紀元前十一世紀末－紀元前三七六）の韓宣子《かんせんし》（生年不明－紀元前五一四）が

魯国につかわされ、易の象《しょう》とその春秋を見て、「周の礼はすべて魯にある」と嘆称《たんしょう》したといった話が『左氏伝《さしでん》』に載っている。

これによれば、周の初めに礼が定められたのは事実と想われる。たぶんそれが「敬礼三百」の教えであったのだろう。これを今でいえば、道徳的な意味が加わった民法のようなものであったろうと察せられるが、その「礼」が、韓宣子のいた時代の周では、すでに亡んでいたのであろう。

周は、八百年続いたとはいうけれど、十余世を経て厲王《れいおう》（生年不明─紀元前八二八、ただし十二代幽王《ゆうおう》の誤りか）の代に、犬戎《けんじゅう》（中国西部の民族）によって亡ぼされているから、したがって礼法その他の文書も亡失したであろうと想われる。

それゆえ、韓宣子が「周の礼はすべて魯にある」と称して、魯国の歴史に政治的道徳的判断が加えられているのを発見し感服したのである。

大史老聃《たいしろうたん》（老子）は孔子より少し先輩で、当時より大学者と称せられていた人であったが、孔子が周に赴《おもむ》いたとき、「礼」について老聃に問うたところ、老子は開口一番、「子《し》（あなた）が言うところは、その人と骨はみな、すでに朽《く》ちてしまっている（この世を去って久しい)。ただ、その言《げん》があるだけにすぎない」と答えた。

これは、孔子が先聖古賢《せんせいこけん》(過去の偉人たち)を云々《うんぬん》して(語って)「礼」を問うたものだから、まずそれを挫《くじ》いた。その人たちはすでに世を去って、いたずらに死語だけが存在しているが、そんなものに繋縛《けいばく》されて(とらわれて)どうするのかと詰《なじ》ったのである。

さらに老子は、最後にこのように言っている。

「子の驕気《きょうき》(おごり)と多欲《たよく》と態色《たいしょく》と淫志《いんし》をとり去れ。これらはみな、子の身に益をもたらさない。われが子に告げることといえば、これくらいのものである」と。

態色とは、容姿や態度をとり繕《つくろ》うこと。淫志とは、だらしのない志望をいう。これによって、いかに老子が、孔子が礼儀の細節《さいせつ》(本質ではないこと)に拘《こだ》わり、表面を粉飾《ふんしょく》(虚飾でとりつくろう)しようとするのを戒《いまし》めたかがわかる。

老子の学識は孔子以上に広く、しかも歴史家であったが、その歴史的経験より研究した結果、「良賈《りょうか》は深く蔵《ぞう》して虚《むな》しきが如《ごと》く、君子は盛徳《せいとく》にして容貌愚《ぐ》なるが如し(よい商人は品物を奥にしまっているため、その店には品揃えがあるように見えない。それと同じように、徳のある立派な君子は、一見パッとしない外観をしているものだ)」と称し、「文《ぶん》(外見)」を嫌って「質《しつ》(内面)」を尚《たっと》んだ。

清浄無為《せいじょうむい》(清らかで自然に任せている)で、大道《だいどう》(正しい徳の道)に合うのを願い、社会の秩序はこれによって保たれる。政治は法律が定めるところに任せればよい。

いっとき、それ以外に「三百の敬礼、三千余の威儀《いぎ》」などといった繁瑣《はんさ》(煩瑣)なものをつくりだして、自由なわれわれの進退(行動)を拘束しようという試みもあったとはいえ、これらのことはすでに過去に属するものであって、実は当世ではなんら用のないものだとしたのだった。

道学が人を導くのは、きわめて簡素である。それで、その学徒のなかから、一方では刑《けい》名《めい》の学、他方には兵学が起こり、これによって社会を統制することになった。これが、そもそも時代の変化の初めであった。

道学が始皇帝《しこうてい》に重んじられた理由は実はここにある。この始皇帝によって拓《ひら》かれた新たな道を、後世も長く辿《たど》っていけていたならば、支那は時代に順応して、うまく民を新たにすることができたのであろう。

漢が興《おこ》ったときも、その志を同じくし、初めは始皇帝の定めた法制をことごとく踏襲《とうしゅう》して、刑名と黄老を主とし、支那統一の業を定めて太平《たいへい》の世となったが、武帝《ぶてい》（紀元前一五六―紀元前八七）の時代になると、建国からすでに久しく、漢の帝業《ていぎょう》（皇帝の統治）もほぼ基礎が固まったと信じたために、太平を修飾しようと欲したのである。

そうすると、道学の無為恬淡《てんたん》（執着しないこと）を尚び、事を省《はぶ》きすぎる点が、帝王に尊厳を加えようとする、かの意思を満たすべくもない。そこで、敬礼《けいれい》威儀を主張する儒学こそ、かえってその志に副《そ》う（沿う）ものと断定し、その初政のころよりすぐに儒教主義に改めた。

科挙《かきょ》の法のようなものも、実にこの時代に濫觴《らんしょう》した（始まった）ものである。しかしながら、秦の焚書《ふんしょ》のあとを受けて、久しく典籍《てんせき》が備《そな》わらなかった。

当時、もっぱら『春秋公羊伝《しゅんじゅうくようでん》』が政治上で用いられた。これをもって一切の疑義《ぎぎ》を裁《さい》断《だん》した（事の善悪を判断した）ので、宰相の公孫弘《こうそんこう》（紀元前二〇〇―紀元前一二一）も、大儒《たいじゅ》（偉大な儒学者）として知られる董仲舒《とうちゅうじょ》（生没年不明、紀元前二世紀の人）もみな同様に公羊学家《くようがっか》であった。

しかし、これだけではまだ足らないために、さらに秦末《しんまつ》に焚《や》けた典籍の断簡零墨《だんかんれいぼく》（文書や墨蹟《ぼくせき》の断片）をも広く天下に求めたが、古礼《これい》を修めることは、ひとまず後回しにした。帝《てい》威《い》を輝かせるのに、北方の胡賊《こぞく》（北方民族）を疆外《きようがい》（中華の域外）に駆逐《くちく》することにつとめたのである。

こうして、儒教はしだいに頭を擡《もた》げてきて、漢末《かんまつ》には、王莽《おうもう》（紀元前四五—二三）によって偽善を飾るのに利用された。

王莽は、漢室《かんしつ》（漢の王家）を簒《うば》う（奪う）禍心《かしん》（よからぬ心）を包蔵《ほうぞう》していた。まず大誥《たいこう》（君主の命）を偽造した文をつくり、孺子嬰《じゆしえい》（五—二五）を奉《ほう》じて摂政《せつしよう》（君主の補佐）の礼を行なわせた。その後さらに、「天命《てんめい》がわれに降《ふ》った」と称して簒奪《さんだつ》を敢行したのである。

このように、ひそかに不正不義を行ないながら、口ではいつも先王の道を絶たなかった。漢の兵がすでにその城下に迫っているときでも、なお豪語《ごうご》して、「天徳《てんとく》をわれに生ず。漢兵《かんぺい》それ、われをいかにせん」とまでいったという。

これもまた、孔子の「天徳をわれに生ず。桓魋《かんたい》（周代《しゆうだい》の宋《そう》の軍事長官）それ、われをいかにせん（天から徳を与えられた私を、桓魋ごときがどうしようというのか）」という語を模したものである。実に彼などは、偽善によってその人生を終始したものというべきであろう。

それから、後漢《ごかん》（二五―二二〇）の明帝《めいてい》（二八―七五）のころになると、古典や旧籍も多く集まったが、多く集まってくるに従い、諸説も紛々《ふんぷん》とした。そこで、各派の学説を統一して漢の礼典を修めるための基礎をつくろうとした。

五経博士《ごきょうはかせ》が東観《とうかん》（宮城内の史料が保管されたところ）に集められて議論したが、その五経学家が各経ごとの流派に分かれていた。たがいに自説を主張して、極《きわ》められることがなかったために、数十年を経てわずかに『五経異義《ごきょういぎ》』という書籍を残すにとどまった。

孔子が主張した「礼」によって政治を文飾《ぶんしょく》するということも、このときより、まったく不可能なことと定まったのであった。

とはいっても、儒学がこれで廃《すた》れたというわけではない。その後も儒学者が研究を続けた結果、儀礼《ぎらい》、周礼《しゅうらい》、小戴礼《しょうたいれい》の三種は、鄭玄《じょうげん》（一二七―二〇〇）という大儒の力によって、文の解釈は、ほぼ統一を見た。しかし、大戴礼《だいたいれい》だけは解釈を得るに至らなかった。

これが、後世になって漢の儒学と称されたものである。儒者の経学《けいがく》（経書の研究）は、だいたい一定の方針が立ち、それによって研究されるようになったけれども、もはや為政者からは、あまり重んじられないこととなった。

後漢の末には、道教とともに仏教も流布しはじめ、それらが徳教《とつきょう》（道徳の教え）のなかに導かれて清談《せいだん》（世俗を離れた哲学的な談論）となる。士君子《しくんし》（学があり徳も高い人）はこれで身を修め、自身を高めようとした。

しかし、魏《ぎ》（二二〇―二六五）の時代になると、儒学は、曹操《そうそう》（一五五―二二〇）に、その子である曹丕《そうひ》（一八七―二二六）や曹植《そうしょく》（一九二―二三二）らに弄《もてあそ》ばれて、詩賦《しふ》の流行となった。

時代は下って六朝《りくちょう》（二二二―五八九）に入ると、儒教は、仏教と抱きあわせられて、詩賦や清談と並び盛んに行なわれ、いよいよ形式的、装飾的となった。

さらに時が経って、唐《とう》（六一八―九〇七）から宋《そう》（九六〇―一二七九）以降となると、それは性理《せいり》の学（宇宙の理《ことわり》から人間や物質の存在原理を追究するもの）と化し、政治とはますます縁遠くなって今日に至っている。

その八　支那の自大心《じだいしん》とその実際の勢力

支那《しな》は昔から自国を称して「中国」といっているが、それは、自国が文明の中心であって、他はすべて蛮民《ばんみん》であると信じる思想を内に持った語である。

しかも支那は、早くよりヨーロッパ全土よりも大きな領土を奄有《えんゆう》（わがものにする）していたので、「支那をもって全世界」と心得て、これを繞る《めぐ》（とりまく）他の諸邦を「四海《しかい》」と称していた。この海とは「晦《かい》」であって「ウミ」ではない。つまり、四方の蒙昧《もうまい》（知識がなく道理に暗い）な民族という意味である（晦＝暗）。詳しくいえば、東夷《とうい》・南蛮《なんばん》・西戎《せいじゅう》・北狄《ほくてき》を称するもので、中国はそれらに包まれた中心の光である。

そして、その光をもって「晦《くら》き四方」をしだいに明るくするというのが理想であったが、このような例は西洋にもある。つまり、ローマの全盛期では、あえてローマを文明の中心とし、それを根拠に世界を征服し、他は征服されるべきものと信じた。まさに、文明が非文明を征服すべきというもので、ローマ以外の民族はすべて野蛮と信じたのである。かのバーバリアンの原語にも、ローマ以外の民族というだけの意味があったように思う。つまり、ローマ以外の民族はみな蒙昧だとする意が自然に窺《うかが》われる。

このような思想が、支那民族のなかにも存在しているが、これが実に、支那で何度革命が起こっても、その革命を追って（追求して）、自力で国勢を発展させることができない根本の弊竇《へいとう》（穴となる欠陥）なのだ。しかも、その弊竇の淵源は、はるか遠いものである。

支那は上代《じょうだい》の早くから封建制度である。おそらくは五帝三王《ごていさんおう》（神話上の理想の君主と、夏《か》・殷《いん》・周《しゅう》の三代の王）の時代に創《はじ》められたであろうというが、事実を究《きわ》めると、ただ協約の上にきわめて薄弱な連邦《れんぽう》を成立させていただけであった。

その堯《ぎょう》・舜《しゅん》（神話的古代の王）の時代までには、四嶽《しがく》の巡狩《じゅんしゅ》というようなものが行なわれていた。四嶽とは、まず東が山東《さんとう》の泰山《たいざん》、北は山西《さんせい》の恒山《こうざん》、西は陝西《せんせい》の華山《かざん》、南は湖南《こなん》の衡山《こうざん》をいう。帝王がこの四つの高嶽《こうがく》に登り、周囲にある国々の君《きみ》を集めて、ともに天を祭ったものである。なかでも泰山の祭がもっとも盛んだった。

そのときに集まった国君《くにぎみ》たちが、暦日《れきじつ》（こよみ）と律度量衡《りつどりょうこう》（規律と測量単位）を一致させる協約をしたのだった。ただそれだけのことであったけれども、これがそのまま中国の会盟に加入したわけになり、随意の申し合わせによって、帝都からの国々の距離の遠近にしたがって、年に一度、あるいは数年に一度、国都に朝観会同《ちょうきんかいどう》することとなった。これが、そもそも封建の起源であった。その後、巡狩は廃《すた》れたようであったが、なお精神のみを継続して、周《しゅう》の封建を見るにようになったのである。

この会同に加わった国の数は数百あったというけれども、それは例によって虚称（はったり）にすぎないものであろう。さて、この一種の連邦協約がどれほどまでに進歩したかを研究すると、さして進んだものとも思えない。

『春秋《しゅんじゅう》』には、「王者は夷狄《いてき》（蛮族）を治《おさ》めず」と説かれているが、これは、「中国諸侯の居住地の外部を帝王は統治しない」という意味で、いわば「来る者は拒《こば》まず、往《ゆ》く者は追わず」という主義によっている。

「来る者は拒まず」とは、周囲の夷狄の国より、そのときの帝王の正朔《せいさく》、つまり帝王が定める暦日を用いて文書をつくり、自国の主要な物産を宝物とみなして、みずから齎《もたら》してくるか、あるいは使者に献《けん》じさせるかすれば、帝王がその宝物の数や価値を計り、それ以上の価値のある物品を賜《たまわ》ることを通例としていた。

これは実は、今日でいうところの貿易なのである。たいへん遠方の国からこのような宝物を持ち来たるということは、帝王の徳が絶遠《ぜつえん》の境《さかい》（辺境）にまで及んだということだろう。彼らはそうみなして喜び、また誇りにしたのであった。

そしてまた、この折に、今後も何年かに一度、あるいは一年に幾度か来貢《らいこう》（朝貢しにくる）すべきことを約束して帰るのである。

実に簡単なものながら、これも一種の国際条約であるのだが、とはいえ、その約のとおり来ない国があったとしても、べつにこれを罰するでもなく、そのまま放っておいた。これが「往く者は追わず」という意である。

いかに、その実を問うことなく、ただその名のみを愛したかであろう。少しでも土地を領有するものが来貢すれば、すべてをその会盟のなかに入れ、賓客《ひんきやく》として接遇《せつぐう》した（重要な客人としてもてなした）。

みずから中国の帝王として、宇内万邦《うだいばんぽう》（天下）に君臨する者として誇っていたかを見るのに、「普天《ふてん》の下《もと》、王土《おうど》に非《あら》ざるは無《な》く、卒土《そつと》の浜《ひん》、王臣《おうしん》に非ざる無し（あまねく天下にその領土とならないところはなく、遠く地の果てまで臣のいないところはない）」と古詩《こし》（『詩経』）にあるのも、この心情を歌ったものに他ならない。

帝王を天子というのも、天下を臣民とし、各国の君主の上にさらに自己が帝王となって君臨するという意から出たものである。

『孟子《もうし》』にいうには、「人みな言う、天下国家と。天下の本《もと》は国に在《あ》り、国の本は家に在り」と。

これが国家という語の起源だが、そうすると、天下を治める者はその国家を包括《ほうかつ》する者である。ここでいう「家」は、家族の義《いみ》ではなく、国より小さな国体を指すものである。つまり、「百乗《ひゃくじょう》の家、千乗《せんじょう》の家」と称する類である。この「百乗の家、千乗の家」の上にはさらに「万乗《まんじょう》の家」がある。これが天下を率いる天子となる。

国家の分割の次第を、さも整頓したかのように数理的に述べたけれども、これも当時における一種理想的なものにすぎない。国家といっても、その実は豪農の団結にすぎない。

われが少年のときに素読《そどく》（意味をとらずに声に出して読む）を受けた『大学《だいがく》』に、「馬乗《ばじょう》を蓄《か》えば鶏豚《けいとん》を察《さつ》せず。伐氷《ばっぴょう》の家は牛羊《ぎゅうよう》を蓄わず。百乗の家は聚斂《しゅうれん》の臣《しん》を養《やしな》わず（馬車に乗れるような家では、あえて鶏や豚を飼って小利を求めようとしない。夏に祭祀用の氷を賜るような家では、あえて牛や羊を飼おうとしない。百乗の家ともなれば、重税をとりたてて民を苦しめるような家臣は用いないものである）」という句があったのを記憶している。

この「馬乗を蓄う」とは、豪農がその領地に兵車一乗《へいしゃいちじょう》、士卒《しそつ》七十人を養うということで、これが一乗の家である。この一乗の家が千石《せんごく》を納《おさ》める豪農とすれば、伐氷の家は十《じゅう》乗《じょう》の家で、その十倍だから万石を納める豪農である。

百乗の家からを国と称するが、これは前者の十倍であるから、十万石の大名にあたる。さらに千乗の国は百万石にあたり、万乗の帝王は千万石となるわけだから、それが傲然《ごうぜん》と天下を支配する世界の帝王と言い倣《なら》わしていた理由がわかるだろう。

周代の封建を理想的なものとして数字の上から見るかぎり、階級的にうまく整理されていたように聞こえるけれど、実際にこれを地図に引きあててみると、華夷《かい》（中華民族と異民族）が雑居して、その経界《けいかい》（境界）さえ定まっておらず、きわめて粗雑な団結をなしていたにすぎなかった。真の国家の形成をなしていなかったのである。

ざっと話せば、周の帝都は両所に定められていた。つまり、陝《せん》より東は洛陽《らくよう》で、この区域はおよそ四百方里あり、周公《しゅうこう》がこれを治め、陝より西が長安《ちょうあん》で、およそ六百方里あり、召公《しょうこう》がこれを治めていた。

『詩経《しきょう》』に「周南召南の地《しゅうなんしょうなん》」とあるのがこれで、あわせて方畿《ほうき》千里と称《たた》えられていたのである。これが中国の王が都をおいたところで、支那全国の政治の中心であった。したがって、地理的にも同じようにそれが中心にあって、その周囲に中国の諸侯たちが各々の国を建てていたかのように思われているようだけれども、実際はそうではない。

まず周南は、洛陽の東の平地で、今の山東省の西にあたる。多くの中国の諸侯が大小の国をなして割拠《かっきょ》していたが、その東海岸はすべて東夷であった。つまり、萊夷《らいい》、徐夷《じょい》、淮《わい》夷《い》である。洛陽の北は、今の山西であるが、当時その大部分は北狄《ほくてき》であった。また、洛陽の南の山脈にも戎《じゅう》が雑居していた。

西の陝西、つまり召南の地域は、周の本国もそのなかに含まれているところである。周囲には西戎《せいじゅう》や羌《きょう》が多くいた。それより南は、庸《よう》、蜀《しょく》、巴《は》などという種族が住んでいたところで、今の雲南《うんなん》や貴州《きしゅう》などはすべて野蛮に属し、夜郎《やろう》や滇《てん》などという種族が国を建てていた。

夜郎自大《じだい》という語の「夜郎」は、この国名の夜郎なのである。この国の人は他国とあまり交際もしなかったので、漢《かん》の時代にその使者が訪ねると、「その漢という国は、この夜郎国のような大国なのか」と問うたほどの蒙昧《もうまい》ぶりであった。それを嘲《あざけ》って夜郎自大という語が始まったのである。

巴、蜀までが今の四川《しせん》省で、その東は揚子江《ようすこう》の中流域と漢水《かんすい》とのあいだに、濮《ぼく》という種族が居住し、百濮《ひゃくぼく》と称していた。その南を荊蛮《けいばん》といって、苗《びょう》族が蕃息《ばんそく》（いきおいよく繁殖する）しており、さらにその東の揚子江の河流にあたるところ、つまり、今の江蘇《こうそ》、浙江《せっこう》を呉越《ごえつ》と称し、福建《ふっけん》、広東《かんとん》、広西《かんせい》はみな百越《ひゃくえつ》と称して、そのことごとくが夷蛮《いばん》の居住地だったのである。

以上が、周代までの中国および四海の地勢を概説したものである。その中国と称するところも、多くは戎狄蛮夷《じゅうてきばんい》の蒙昧な種族たちが雑居しており、実は各国の経界も画然《かくぜん》と定まってはいなかった。

『孟子』では「暴君汚吏《ぼうくんおり》は必ず経界を慢《まん》にす（暴君や不正役人は土地の計測を適当にやっているものだ）」などといっているけれども、その経界とやらが理想的に定まっていたところはほとんどなく、大部分はきわめて薄弱な統制の下に服属させられていたにすぎない。

周の中期ごろになると、春秋十二諸侯《しゅんじゅうじゅうにしょこう》（春秋時代の主要十二国）という大国が現われ、ついに七国（七雄《しちゆう》、戦国時代の主要七国）となったけれども、もとより各国の紛争のあいだ、たがいに他を併合して大きくなったものなのだから、そのあいだに統治制度が進んで立派に一国を形成するようになったとは信じられない。

やはり、古来の習慣をただ追って、薄弱な協約によって、自己に服属したものと認めたくらいのことにすぎなかったであろう。

総じていえば、天下といっても、まったく空想より出た誇大《こだい》の自称にすぎない。その下にあるという各国も、国という形勢にしてはたいへん覚束《おぼつか》ないものと思われる。けれども、後世まで残されたその跡から推定すると、各地に百種の「県」が形成されて、粗漫《そまん》（大ざっぱ）ながらも自治体をなしていたことだけは認めるべきであろう。

広い支那大陸のことだから、各地を一概に述べるのは難しいけれども、いわゆる中国といわれる部分にかぎって、その自治体の概略を次に語ってみよう。

その九　閭右《りょう》と閭左《りょさ》

県の治世のあるところには、この時代から必ずひとつの堅城《けんじょう》を築き、その中央を貫通する一条の大道《たいどう》をつくり、通則として、その双方の入口には「閭《りょ》」という門を立てていた。

そして、大道の右側には、地主や士《し》（下位の支配階級）の住宅があり、左側には、商賈《しょうか》（商人）や、その他の職業者、労働民が居住する市街、あるいは貧民の巣窟《そうくつ》と定められたものである。

つまり、閭右《りょう》は、政治や教育にあたる士以上の者が居住したところであるから、これを郷右《きょうゆう》、または右族《うぞく》と称して、知識階級に属する。

いっぽうの閭左《りょさ》は、多くが労働民、いわゆる苦力《くーりー》が居住したところであるから、そのころより、閭左の賤民から壮丁《そうてい》（成人男子）を徴発《ちょうはつ》して兵とし、または県の労働に使役することとした。そのため支那では、すべての職業のなかでも兵を賤《いや》しいものとすることになっていった。

官吏《かんり》になること、学問や教育などの世界に身をおくことは、すべて右族の任務と定まっていたから、支那では文学のことを「右文の科《ゆうぶんのか》」と称して尚《たつと》び、これに対して武を「左武《さぶ》」と称して賤しめたが、この習慣も基づくところは、閭右と閭左の制度の区別にあることを知るべきである。こういったような習慣は、春秋《しゅんじゅう》時代に大小幾多の邦国《くにぐに》をなしていたころからのものであろう。

これが戦国の時代になると、右族に食客《しょっきゃく》（客人待遇の居候《いそうろう》）を養う風習が大いに流行した。その初例として最も有名なのが、斉《せい》（紀元前三八六―紀元前二二一）の田氏《でんし》が王国となってから、その王孫《おうそん》にあたる田文《でんぶん》（生年不明―紀元前二七九）という人物だろう。

彼は、薛《せつ》という侯国が亡びたあとを領していたが、その地には万戸《ばんこ》の称があったから、十万石にあたるほどの領主だったのであろう。食客三千人を養ったというので、当時の諸侯のあいだでその名が広く聞こえていた。孟嘗君《もうしょうくん》というのは、この人のことである。

この孟嘗君が三千の食客を養うのに、さすがに費用が続かなくなったため、薛（旧国の遺民）に銭を貸して、その利息で不足を補ったということが、ひとつの話としてその伝記のなかに記してある。

のちに漢代《かん》になって『史記《しき》』を記した司馬遷《しばせん》（紀元前一四五ごろ―紀元前八七ごろ）が、薛を旅行して実地の様子を見聞したところ、孟嘗君がこのように多数の食客を養ったために、薛には諸方より姦猾《かんかつ》（悪がしこい）な者たちが集まってきて、その数は六万人に及んだ。そして、領内の悪俗《あくぞく》を醸成《じょうせい》する結果になってしまった（楽にかせぐのを是とする社会ということか）と書いている。

この食客というのは、今日でいうところの高等遊民《こうとうゆうみん》に他ならないが、このような現象は、ただ薛だけのものではなく、その他のどの国においても、そういう風潮が伝染した。

のちの時代までも、各県の顕官《けんかん》（高官）や郷右はみな食客を養い、それらを率《ひき》いて官に就《つ》き、それらを使用して故里《こり》、門生《もんせい》、食客とし、その数の多さを競う風潮がある。余風《よふう》（遺風）は今も存在しており、こういったことが土地の豪族の誇りとなっている。この風習は、中国から起こって諸方に伝染し、支那全土にある中流の士は、そうやって生活することとなった。また、この風習は、閭左の商賈にまでも及ぶ。彼らのなかの富める者も同様に、食客を多く養うことを誇りとするようになった。

このように支那《しな》では、右文の科と称しながら徒手《としゅ》（手に職や技術を持たない）で生活をする遊民が、みな官吏《かんり》となって、政務や教育に関することを一手に壟断《ろうだん》（利益を独占）したのである。

そのいっぽうで、武事を左武といって賤しめ、また商賈の徒《と》も軽んじたから、経済界で活動する者と兵役に従う者は、多くが無教育となり、そのため、ただ暴利を貪《むさぼ》り、また暴行をなすという悪風《あくふう》を伸長《しんちょう》させることとなった。この弊習《へいしゅう》が牢《ろう》として抜きがたい（固く変わらない）ものとなり、今に至っている。

七国が（秦《しん》に）統一されて、それぞれ郡県《ぐんけん》になったといっても、その実は依然《いぜん》として閭右と閭左とに分かれた県が自治体となって存在し、その上に三十余郡をおいて統治したまでのことである。

その統治がつとめるところは何かと顧《かえり》みても、各県より兵を徴発して盗賊の取締をするというのが主な仕事である。そして、各県の右族から出て官吏となり支配したというが、その法律というものも、経済的活動とはなんら関係はなく、ただ盗賊を捕《とら》えては刑罰を行なう、いわば刑事裁判を行なうためだけに供用《きようよう》されるにすぎなかった。

そのため支那では、法律といえば、ただ刑法のみをあらわし、民法による民事裁判のようなものは成立してこなかった。これが徹頭徹尾《てつとうてつび》（はじめから終わりまで）、支那の発展進歩を妨《さまた》げた、癒《いや》すことのできない（不治の）病根《びようこん》であったのだ。

支那は、政治の真相が古来、このようなものであったにもかかわらず、漫然《まんぜん》と一種の自《じ》大心《だいしん》（みずから尊大にかまえる心）に駆《か》られ、ずっと以前から、みずからをあえて「中夏《ちゆうか》」と称し、あるいは「盛夏《せいか》」と称してきた。

舜《しゆん》（五帝のひとり。神話時代の理想的君主）が皐陶《こうよう》（司法を担当した賢人）に告げたのにも、「蛮夷《ばんい》、夏を猾《みだ》る（周辺の蛮族が中夏をおかしている）」といった語を用いている。

さらに春秋時代の初めに、管仲《かんちゆう》（生年不明―紀元前六四五）が斉侯《せいこう》（桓公の子、生年不明―紀元前六四三）に語っていったのには、「戎狄《じゆうてき》は豺狼《さいろう》、厭《あ》く可からず。諸夏《しよか》は親暱《しんじつ》、棄《す》つ可からず。宴安《えんあん》は酖毒《ちんどく》、懐《おも》う可からず（蛮族は狼のように狡猾《こうかつ》であるから、気を許してはならない。周辺の諸侯は近親であるから、見捨ててはならない。宴など遊興にあけくれることは有害であるから、これにふけってはならない）」と。

これは、実に名言として人々に強く記憶される語である。豺狼とは、蛮勇や猛勇があって、しかも欲望が深いことを譬《たと》えたもので、これを戎狄に比している。それに対する諸夏は、弱いかもしれないけれども親睦の国だと称しているのである。諸夏とは、中国の諸侯の義《いみ》である。

のちの『論語《ろんご》』にも、「夷狄《いてき》の君《きみ》あるは、諸夏の無きが如《ごと》くならず」という語がある。これは、前とは反対に、夷狄には然《しか》るべき君主が出てくるのに、諸夏にはかえって君主がないと嘆息の意を洩《も》らした（君主になる人材がいないと嘆いた）ものである。

この諸夏もやはり中国諸侯のことで、註《ちゅう》には「夏は大なり」とある。「夏」は「華」と同じ音韻《おんいん》で、昔はひとつに「華夏」といった。

これも支那が、「みずからこそ文明の中心」と自負する思想をよく描《えが》きだしたもので、国勢が不振の今日においてもなお、その空漠《くうばく》とした文字の上に「中華民国」と称して自大心の余影《よえい》を残し、みずから悟《さと》ることなくいるのである。

その十　中国の誇りはどこにあるのか

けれども、中国といい、四海《しかい》といった語の実質は、周《しゅう》の時代より消滅しかかっていた。前にも述べたように、周の厲王《れいおう》が犬戎《けんじゅう》に亡ぼされたことが、まず中国が戎狄《じゅうてき》に奪われたことの初めである。

やがて宣王《せんのう》（生年不明―紀元前七八二）の代になって旧状に復《ふく》されて、それから秦漢《しんかん》の統一となった。このころが、支那の開闢《かいびゃく》（はじまり）以来、最も発達した極盛《きょくせい》の時代というべきであったろう。

その後、王莽《おうもう》によって漢室《かんしつ》（漢の王家）が亡ぶと、その謹厚《きんこう》（つつしみ深く温厚な性質）によって推服《すいふく》（敬って心から服従）された後漢《ごかん》の光武《こうぶ》（光武帝、紀元前六―五七）が乱を鎮定《ちんてい》して漢の帝業《ていぎょう》（皇帝の統治）を復した。しかし、従来の左武《さぶ》の風習によって尚武《しょうぶ》の気象《きしょう》（気性）は起こらず、兵が弱いのは依然《いぜん》として変わらない有様だった。漢はついに亡び、三国時代

（二二〇―二八〇）に入った。

それで、東北における蛮勇の匈奴《きょうど》、鮮卑《せんぴ》、羌《きょう》の民族が北境より支那に侵入して、北半部を奪うこととなった。これが、晋《しん》（二六五―四二〇）の時代に起こった五胡《ごこ》の乱である。

その起因は、漢の時代に匈奴の侵略を防ぐため、婚姻政略によって親睦の交わりをなしたところにある。それにより、匈奴の王族が劉氏《りゅうし》と称するようになったが、その苗孫《びょうそん》（遠い子孫）に劉淵《りゅうえん》（生年不明―三一〇）というものがあった。

劉淵は勝《すぐ》れた蛮勇者で、漢の歴史を読むと、「漢の高祖《こうそ》（劉邦《りゅうほう》、紀元前二五六―紀元前一九五）のとき、随何《ずいか》（生没年不明）と陸賈《りくか》（生没年不明）は文学者であったけれど武力がなく、また、周勃《しゅうぼつ》（生年不明―紀元前一六九）と灌嬰《かんえい》（生年不明―紀元前一七六）は武勇はあったけれども学問がなかった。いずれも大勲《だいくん》（偉大な勲功）を建てることができなかったが、われは文学さえ、ほぼ兼ね備えているから、帝王の業を遂《と》げることができるだろう」といった。

そして、晋の衰弊《すいへい》（勢いが弱まる）に乗じて支那に侵入し、劉氏の業を回復すると称して東都《とうと》の洛陽《らくよう》を陥落し、漢帝《かんてい》と自称した。

ここからはじまって、劉淵の将である石勒《せきろく》（二七四―三三三）は、人にも漢の歴史を読ませ、「漢の高祖は真に英雄である。われもそのときに生まれれば、韓信《かんしん》（生年不明―紀元前一九六）や彭越《ほうえつ》（生年不明―紀元前一九六）と同じように彼に仕えていたであろう。また、光武とならば、ともに駆逐《くちく》して（馬を走らせて）、いまだ誰の手に鹿が落ちる（天下をとる）か、わからなかったのではないか。

大丈夫《だいじょうぶ》（すぐれた男子）たるもの、事を行なうにも磊磊落落《らいらいらくらく》（心が広く、細かいことにこだわらない）で、光風霽月《こうふうせいげつ》（心が澄みきって、わだかまりがない）のようにならねばならない。曹孟《そうもう》徳《とく》（曹操）や司馬仲達《しばちゅうたつ》（司馬懿《い》、一七九―二五一）のように、孤児や寡婦《かふ》を欺《あざむ》いて天下をとったのを倣《なら》いたくはない」といい、劉淵に次いで洛陽に打ち勝つと、さらに西都《せいと》の長安《ちょうあん》も陥《おとしい》れた。

このとき、東西の都はともに夷狄《いてき》の手に落ちて、古来の中国の部分は、まったくその手に帰《き》したのである。これが、厲王以後、中国が夷狄に亡ぼされた二度目であった。

その洛陽が亡ぶに際し、この地にいた多くの品位《ほんい》（位階）のある名臣たちは南方に遁《のが》れると、今でいう南京《なんきん》に至り、晋《しん》の瑯琊王《ろうやおう》の下について、その補佐となっていた。

そのなかに周顗《しゅうぎ》（二六九―三二二）という者がおり、やはり瑯琊王の補佐をしていた王導《おうどう》

（二七六―三三九）と会したときに、「風景は殊《こと》ならざれども、目を挙《あ》ぐれば、江山《こうざん》の異なるあり（風と陽光は故国のものと異ならないが、視線を上げると、山河が故国とは異なっている）」といって、歔欷流涕《きょきりゅうてい》（すすり泣き）した。

すると王導が、「ともに力を合わせて中原《ちゅうげん》（中国）を回復しなければならない。何ぞ、ここに楚囚《そしゅう》となって飲泣《いんきゅう》するを用いんや（それなのになぜ、ここでかつての楚の人のように国を奪われたまま、涙をのむ必要があろうか）」といったので、周顗も涙を収めた（泣くのを止めた）という一場の悲劇があった。

瑯琊王には中国を回復する気力はもうなく、その後になって祖逖《そてき》（二六六―三二一）という者が中原回復を主張したので、彼にいくらかの布帛《ふはく》（織物）を与え、それを資本にして兵を募《つの》らせ、回復の志《こころざし》を遂げるようにいった。

そこで祖逖は、命に応じて募兵を行ない、江《こう》（揚子江《ようすこう》）を渡るとき、その中流において慷慨淋漓《こうがいりんり》（いきどおり嘆く感情が表面にあふれる）し、「誓って中原を回復せん」といったということが、後世まで美談として残っている。しかしついには、この志も果たすことができなかった。

のちに文天祥《ぶんてんしよう》（一二三六―一二八三）が「正気《せいき》の歌」を賦《ふ》したとき、「或《ある》いは江を渡るの楫《かじ》と為《な》り、慷慨、胡羯《こかつ》を呑《の》む（また、北伐《ほくばつ》に向かう船の楫となって、その強い気概が胡族をのみこむ）」の一句をつけたが、これは祖逖のことをいったのである。

西都の長安も落ち、晋は今の南京にあって南部の荊楚《けいそ》（湖北《こほく》省・湖南《こなん》省あたり）呉越《ごえつ》（今の浙江《せつこう》省・江蘇《こうそ》省あたり）などの地に據《よ》り（足場とする）、依然として中国の政治を続けていたのが南北朝《なんぼくちよう》時代（四三九―五八九）である。

その南朝というのが、周時代の荊楚の地、いわゆる荊蛮《けいばん》呉越の地である。こういうわけで、昔の中国とは人種も違い、方音《ほうおん》（方言の発音）も違い、風俗も多少違っており、気象は一般に剽悍《ひようかん》（荒々しく強い）で戦《いくさ》には強いけれども、なおそれでも胡羯（北方の異民族）に当たる（対抗する）ことはできなかった。

しかしながら、北部に侵入した胡羯も、中国に住むと、すぐその風習に同化された。宮殿を営《いとな》み、婦女を養い、奢侈《しやし》（度を過ぎた贅沢《ぜいたく》）を極《きわ》めるようになり、初めは武力的に物質的に中国民族を征服したけれども、ほどなく中国民族の風習に感化されて、かえって文学的に精神的にそれぞれに征服されるという奇観《きかん》を呈《てい》した（めずらしい状況を示した）。

そして、漢《ぜんちょう》（前趙、三〇四―三二九）の劉淵の子も、趙《こうちょう》（後趙、三一九―三五一）の石勒の子も、ともに二、三十年を出ないうちに亡び去る。

次には、西趙《せいちょう》（前趙）の苻堅《ふけん》（三三八―三八五）が起《た》ってこれに代わり、北部を統一すると、勢いに乗じて百万の兵を率い、南に迫ると、まさに晋も併合しようとした。

しかし、そのときの晋には、名臣謝安石《しゃあんせき》（三二〇―三八五）がいた。謝安石は自己の子弟を将軍に任じると、秦（三五一―三九四）の兵が来るなり、その総軍がいまだ集結していないところをついて、淮水《わいすい》の辺《ほとり》で遊撃した。

その鋭い軍配によって、秦の兵はもはや敵とならず、八公山《はっこうざん》の草木《そうもく》をも敵兵のように見て怖《おそ》れいり、そこを激しく攻めかかられた。総軍大崩れとなり、風声《ふうせい》（風の音）や鶴唳《かくれい》（鶴の鳴き声）にも晋軍の追躡《ついじょう》（追跡）かと誤り、大敗して潰散《かいさん》（ちりぢりになる）したのである。

このため、秦に内乱が起こり、ついにみずから亡びてしまった。

その後、鮮卑《せんぴ》（紀元前三世紀―六世紀）の拓跋《たくばつ》が東北に入りこみ、魏国《ぎこく》（北魏《ほくぎ》、三八六―五三四）を建てた。魏国も一時は盛んであったが、次の代に入ると、また中国の風習に感染し、礼儀や虚飾をつとめるようになって、まもなく衰えた。

南朝はそのあいだに、北部との競争に刺激されて剽悍な固有性を鍛成《たんせい》していた。そして、ここから、南北の分争《ぶんそう》（二分して争う）となった。漢の初めの秦と楚による争いを再演して、二百年間が続く。これを呉《ご》、晋《しん》（東晋《とうしん》）、宋《そう》、斉《せい》、梁《りょう》、陳《ちん》の六朝《りくちょう》時代（二二二―五八九）というのである。

北半部にあった、もとの中国は夷狄に亡ぼされたいっぽうで、南半部の荊蛮呉越がこの時代に発達して、支那は瓜分《かぶん》（国土分割）の勢いをなし、たがいに競争したのであった。

その十一　熱烈な宗教的信仰がない

どうしたわけか、支那人には宗教的思想が乏《とぼ》しい。

支那の周末《しゅうまつ》時代の文明は、いかにも西洋でのギリシャ時代に相当する。しかし、ギリシャには優《すぐ》れた哲学があり、ある点から見れば、物質的にも進歩し、科学でもギリシャがその始祖といわれる有様であったが、それにもかかわらず、敬神《けいしん》（神を崇拝する）の気風も盛んであった。神を黷《けが》す（冒瀆《ぼうとく》する）ことは人類の最大悪とされていたほどであった。

知的判断という刃《やいば》（威力のあるもの）の前にあって、ギリシャ人の奉《ほう》じる神そのものは無《む》意義《いぎ》であろうけれども、とにかく自己を棄《す》てて神に服従することが信仰である。ギリシャ人は、物質以上のある力を信じており、その無意義ともいえる多くの神に信仰を捧《ささ》げ、それに背《そむ》けば殺すというほどにまで感情が熱烈であった。

しかし、支那人にはこの熱烈な信仰が欠けていた。儒教そのものが宗教的な意識を持ち、天と人とを調和し、天の視点から人間を解釈しようとつとめたようであったけれども、その奥部に立ち入って詳《つまび》らかに説くことはなかった。ただ、その蒼々《そうそう》（青々）としたもの、茫漠《ぼうばく》（ぼんやり）としたものを名づけて天と称したのみだった。これではとても、熱烈な信仰の対象とはならない。

とはいえ、儒学の根本思想は、宗教的に導かれている。例えば、「天命《てんめい》、之《これ》を性《せい》という（天が命じるものは、はじめから備わった性質であるという）」とか、「天に罪を獲《え》れば、禱《いの》るところなし（天に対する罪を犯したなら、もはや祈りようもない）」とかいうように、何かしら人間以上の絶対無限の力を認めていて、人生の根本を天に付与している。

ここまではなかなか雄大な思想がある。ただし、これを宗教として見るには、わずかにその端緒《たんちょ》を示したに止《とど》まっている。信仰が稀薄《きはく》である。

これを風俗の上に徴《ちょう》して（証明する）みても、『礼記《らいき》』や『儀礼《ぎらい》』などにも記されているように、犠牲を供《そな》えて天や鬼神《きじん》（死者の霊魂）を祭ることが礼儀に属するからというだけだ。音楽や詩の中にもこの風俗が始終《しじゅう》現われているのだが、どういうわけか、これがすぐに倫理に結びつき、あるいは政治に結びつくだけで、信仰という感情を帯《お》びようとはしない。

孔子《こうし》はもちろん宗教家ではないし、その他の聖賢《せいけん》、つまり、堯舜禹湯《ぎょうしゅんうとう》（伝説的古代の帝王）も、子思《しし》（紀元前五世紀の人）も、孟子《もうし》もまた同様であった。

ここにその原由《げんゆ》（原因）を考えてみたい。帝王が四方の高嶽《こうがく》に諸国の君《きみ》を会して、ともに天を祭ったことを前に話したが、天は上帝《じょうてい》ともいい、また、神ともいう。

しかし、その神の教えというものは、天象《てんしょう》（自然現象）の上に燦然《さんぜん》と黙示《もくし》（隠された真理を示す）されているので、時代に応じて生まれ出た聡明《そうめい》な聖人が、その黙示によって神の教えを悟《さと》り、これを政治に施《ほどこ》し、また、公衆にも説いたのである。

中央政府には宮殿をつくって神を祭り、それに彼の祖先の聖王を配享《はいきょう》（ともに祀《まつ》る）して、一国の重大事はすべてその前で行なった。これを宗廟《そうびょう》、朝廷《ちょうてい》と称するのである。

また、土地人民のために、土の神と農穀の神を祭ることが、土着の農業主義のあるところでは一般に行なわれており、これを社稷《しゃしょく》と称し、毎年春秋二季に行ない、豊年を祈った。これも宗廟と同じく、国家の重要な祭事で、今に至るまでなお行なわれている。暦《こよみ》にある春秋の社日《しゃじつ》というのが、その祭日なのである。

このように、神の教えはやがて政治や倫理に結合することとなっているので、黄帝《こうてい》堯《ぎょう》舜《しゅん》、禹《う》湯《とう》文《ぶん》武《ぶ》（夏《か》の禹王、殷《いん》の湯王、周の文王と武王）という古来の聖王の定めた遺教は、すべてが神意にもとづき、人間相互の関係を説いたものである。

そして、その根本は、父子、兄弟、夫婦の三綱《さんこう》にもとづけられ、それから歩を進めて、朋友《ほうゆう》、長幼《ちょうよう》の交《まじわり》を加え、これらを人倫《じんりん》と総称している。

儒教はこれを平易に一語で言うとき、「人が人である道を尽くす」の語に帰する。ここまで来ると、もはや宗教的精神からは離れて、倫理的になってしまう。

しかも、そのもとづくところを繹《たず》ねれば、依然として神の垂教《すいきょう》（教えを示す）に存するのであるから、支那にも宗教的萌芽はありながら、それがあらぬ方向に導かれて、ついに十分な発育を見ることなくおわったのである。

これを『中庸《ちゅうよう》』に徴《ちょう》してみると、「郊社《こうしゃ》（天地の祭）の礼は、以《もっ》て上帝《じょうてい》に事《つか》うる所以《ゆえん》なり。宗廟の礼は、以てその先に事うる所以なり。郊社の礼、禘嘗《ていしょう》の儀《ぎ》が明らかなれば、国を治むること、それ、諸《これ》を掌《たなごころ》に示すが如《ごと》きか（天地の祭に対する礼は、天帝につかえるためのものである。宗廟の礼は、祖先につかえるためのものである。この二つの祭祀の礼儀がきちんとなされていれば、国家の統治は、すでに手のひらの上にあるかのように簡単なこととなろう）」とある。

この上帝は、「神」を祭るものである。宗廟とは、神に配享された祖先の「鬼《き》」を祀るものである。神を祭るには「禘《てい》」と称する大祭があり、鬼を祀るには「祫《ごう》」と称する歴代の祖先霊の合祭がある。禘は、城外に社壇《しゃだん》を築《きず》き、そこに諸卿《しょけい》、大夫《たいふ》以下、位次《いじ》（位《くらい》による席次）を正して参列する。

禘は一国の祭、祫は一家の祀《まつり》であるから、忠孝の道はそれに胚胎《はいたい》する。国としては、禘を忽《ゆるが》せにしてはならず、家としては、祫を怠《おこた》ってはならない。禘祫《ていごう》の礼儀が備わることは、忠孝の道が行なわれていることの証《あかし》であるから、ここに「郊社の礼、禘嘗の儀、国を治むること、それ、諸を掌に示すが如きか」というわけである。

しかしながら、その弊害は、支那の国民性をみずからそのようにさせているばかりか、いたずらに郊社の礼、禘嘗の儀だけに繁縟《はんじょく》を極めた（言葉や儀礼に複雑さを求める）結果、かえって肝腎《かんじん》の信仰の念は遠くなってしまった。

さらに『中庸』は、「鬼神の徳たる、それ盛んなる哉《や》、これを視《み》れども見えず、これを聴けども聞こえず、物に体《たい》して遺《のこ》す可《べ》からず。天下の人、斉明盛服《さいめいせいふく》して以て祭祀を承《う》く、洋々乎《ようようこ》としてその上に在《いま》すが如く、その左右に在すが如し（鬼神の徳は実に盛大なものであるので、これを視ようとしても見えず、聴こうとしても聞こえないが、万物はこの鬼神の徳によって形体を残したものである。世の人が心身を清め、服装を整えて祭祀を行なうときも、この鬼神はこの世の全体に満ちあふれていて、人びとの上にいらっしゃるように、あるいは左右にいらっしゃるかのような感覚を持つ）」といっている。

前にも説明したように、この「鬼」は祖先の霊で、「神」は天である。この文によれば、支那古代の民俗には、なお篤《あつ》い宗教心が存在していたことが知れよう。

けれども「斉明盛服して以て祭祀を承く」という、その礼がしだいに複雑になり、虚《きよ》飾《しよく》に流れ、これがついに宗教心をあらぬ方向へ導いてしまったのであろう。いわば「櫝《とく》を買って珠《たま》を返す（きれいな外箱だけを持ってかえり、中身の真珠をおいていってしまう）」の愚をおかしたのである。

宗教の進化の跡を見れば、多くは自然崇拝、祖先崇拝と進んで、最後には一神《いつしん》崇拝に至るものである。

しかし支那の宗教は、前にも述べたように、早くより祖先崇拝に結びつき、そこから儒教ともなり、道教ともなって、それらが秦漢《しんかん》時代までの道徳心を支配していた。そしてこのあいだに、漸次《ぜんじ》（だんだんと）インドから仏教が入ってきたのである。

人間というものには、必然的に、しかも無意識的に、宗教心が存在しているものである。支那人といっても、各自の胸の奥には同じように宗教的信念の要素だけはある。

そのため、いったん仏教が入ってくると、彼らは靡然《ひぜん》として（いっせいに）それを迎えた。漢《かん》が魏《ぎ》となり、晋《しん》となるあいだに、この仏教が道教とともに盛大になったのも、明らかに一面では、儒教の宗教的信念が欠けていることを立証している。

晋が五胡《ごこ》に侵入されて北部を失い、南部に移って、ここに南北朝《なんぼくちょう》が分かれたころには、なお道教は盛んに行なわれていたけれど、北魏《ほくぎ》の孝文帝《こうぶんてい》（四六七―四九九）のころから、仏教は非常な勢いで全土に流布《るふ》した。南朝でも、斉《せい》を経て梁《りょう》の武帝《ぶてい》（四六四―五四九）に至るころには、すべてが仏教に傾いた。あの達磨《だるま》（生没年不明）が渡来したのも、この時代である。

韓退之《かんたいし》（韓愈《かんゆ》、七六八―八二四）が「原道」の文で「漢に黄老《こうろう》（黄帝と老子の思想）あり、晋《しん》魏梁隋《ぎりょうずい》の間に仏《ぶつ》（仏教）あり」といったのも、この時代を指したもので、儒学はますます勢力を失い、その一方で詩賦の文学だけが盛んで流行していた。

このように、支那の文弱《ぶんじゃく》（文芸ばかりにふけって弱々しい）の病は、しだいに膏肓《こうこう》に入《い》り（不治の病におかされ）つつあったのである。

その十二　常に文弱《ぶんじゃく》によって亡ぶ

五胡《ごこ》の侵入の末に、北部は拓跋魏《たくばつぎ》となり、南部では六朝《りくちょう》の革命を見た。これは、すでに前にも言ったように、もとは荊楚呉越《けいそごえつ》の土地に属し、その性質が剽悍《ひょうかん》なことで武事には長じていたけれど、周代《しゅうだい》より詩的思想にも富んだ人民であり、文芸に秀《ひい》でて、方言も北方のものとは大きく違っていた。

つまり周末の孟子《もうし》が、「南蛮鴃舌《なんばんげきぜつ》の人、先王の道を非《そし》る（野蛮で、よくわからないような言葉を話しているような人は、中国の先王たちの道に異をとなえるものだ）」といったように、当初より北部の儒教は入ってこず、別種の教えを主張していた土地である。

とくに支那人というのは、由来や形式を尊ぶ民族であるから、彼らが使用する文字はただでさえ形象的であるうえに、この土地では古来、文章は詩的であり、文字は美術的であったとは思うが、六朝の時代になって、実際にすべてが美術的になっていた。

その最たるものとして現われたのが、晋《しん》の王羲之《おうぎし》（三〇一—三六五）である。名高い「蘭《らん》亭記《ていき》」の筆跡は、いわゆる越《えつ》の会稽《かいけい》にある官邸の蘭亭で記したものだという。このときより書蹟《しょせき》は、絵画とともに書画と連称されて、一種の美術として長く世に流行している。

支那の文字は、その形象《けいしょう》が美術的であると同時に、その一つ一つが他国の音声文字とは違って、各々の意味を有しており、含蓄《がんちく》が多い。そこで、多くの学者たちが心力《しんりょく》を尽くして、広く方言を蒐集《しゅうしゅう》し、音韻《おんいん》の研究に当たった。

しかし、それでも成果を尽くすことはできなかった。かの地では、広漠《こうばく》とした範囲内に幾多の邦国《くにぐに》が山河の形勢によって分かたれて存在しているので、その語音はたがいに異なるうえ、五胡の蛮族が来た結果、その影響が混《こん》じるようになった。北部も南部も、文字と方音《ほうおん》がいよいよ乱れ、これまで集めると、その数はいっそう多くなる。

そのため、のちの学者が先人の偉業を紹《つ》ぐ。このようにして、秦代《しんだい》の李斯《りし》の手によって編纂《へんさん》された『蒼頡篇《そうけつへん》』という字典には、わずか千二百字しかなかったものが、南北の方音に転化（変化）し、その形象と音韻とが数種に分かれて、同じ一字でも数多くの相違を生じるようになったから、字数がしだいに増加したのである。

字書も音韻によって部類されるようになり、ついに『広韻《こういん》』というものが出たが、この字書に含まれるのは、すでに五、六万字に及んでいた。

これと同時に、南方では文学がいよいよ流行し、詩をつくり、音楽に合わせて楽しんだ。知識階級の人々は、これによって品位を養い、高尚となるというふうになったため、清談《せいだん》（世俗を離れた哲学的な談論）は一変して詩歌《しいか》の進歩を見た。

六朝の革命は最後の陳（五五七―五八九）の時代を迎えて、その後主《こうしゅ》（五五三―六〇四）は、張麗華《ちょうれいか》（生年不明―五八九）という美人を愛し、「玉樹後庭花《ぎょくじゅこうていか》」の詩をつくり、これを管絃《かんげん》の音にのせた。そして、麗華を舞わせると、その優しい足の運びを「歩々《ほほ》に（一歩ごとに）蓮華を生《しょう》ず」と賞し、心魂《しんこん》を蕩《とろ》かした。その結果、陳は亡んで、隋《ずい》（五八一―六一八）の時代となったのである。

北方の魏も、世代を経《へ》るにしたがって、しだいと支那固有の虚飾的文学に征服され、一時は鮮卑の宇文泰《うぶんたい》（五〇五―五五六）や高歓《こうかん》（四九六―五四七）などといった勇将も出たけれども、久しくしないうちに武勇の性質は失われていき、とうとう南朝の隋に統一されてしまった。このとき、支那全土はふたたび中国人の統一するところとなったのである。

続く唐《とう》（六一八―九〇七）の太宗《たいそう》（五九八―六四九）の英武によって、長い戦乱も止《や》み、ようやく世は泰平《たいへい》に復した。つまり、漢《かん》に続く偉大な帝業《ていぎょう》が起こることとなった。ところが、前に述べたように、右族《うぞく》である学者・処士などの習風が、文学的・芸術的に発達した時代のあとを受けたものだから、唐一統《いっとう》（唐の統一）の帝業も、もっぱら詩賦《しふ》によって官吏の挙用《きょよう》（上へのとりたて）をすることとなった。そうして選ばれたものを秀才と称して、大いに尊敬した。

また、漢の経学《けいがく》を受けた儒学は、さしたる発展を見なかったものの、孔穎達《くえいたつ》（五七四―六四八）などに命じて、その諸説を選び、註疏《ちゅうそ》（注釈とその注釈）を加え、「五経正義《ごきょうせいぎ》」をつくって、一般に研究させると、これも詩賦と同じように科挙《かきょ》に用いた。

また宗教は、道教と仏教が並び行なわれていったうえに、西洋のキリスト教もすでに西部より移入しはじめていた。唐は玄宗《げんそう》（六八五―七六二）のころまでは道教を信じていたが、仏教が盛行《せいこう》して、知識階級の人々に浸潤《しんじゅん》し（しみわたるように広がり）、憲宗《けんそう》（七七八―八二〇）の時代には、国都の長安《ちょうあん》に仏骨《ぶつこつ》（仏舎利）を迎え、天子《てんし》（皇帝）みずからがこれを拝《はい》するようになっていた。そのため、儒学者や文学者はたいへん憤慨《ふんがい》したのである。

そのころより、五経の学は衰えた。そこで、『論語《ろんご》』『孟子《もうし》』の他に『大学《だいがく》』『中庸《ちゆうよう》』の二編を選び、この四書《ししよ》に仏教のような心理的解釈を行ない、支那固有の教えとしようと企《くわだ》てたものもあった。しかし、これは成功することなく、知識階級の人々は、ますますもって詩を賦《ふ》し、仏教を講《こう》じることに心力《しんりよく》を傾倒するようになった。

しかしそのいっぽうでは、玄宗以来、北狄《ほくてき》によって国土を攪乱《かくらん》され、兵乱が止むことなく続いていた。全土で徴兵をしたために、かえって各地の藩鎮《はんちん》（節度使《せつどし》）の勢いが増した。彼らはたがいに競争しあって、左族《さぞく》の賤民出身の無学の武人が跋扈《ばつこ》することとなった。

したがって経済面では、唐の時代にさしたる進歩発達はなかった。こうしているうち、再び全土の破裂を来《きた》し、五度の革命を見た。これを五代《ごだい》の乱という。この時代に、北部はほぼ統一されたけれども、南部は分裂し、蜀《しよく》（前蜀、九〇七－九二五）、楚《そ》（九〇七－九五一）、呉越《ごえつ》（九〇七－九七八）および広東《かんとん》（南漢《なんかん》、九四七－九五〇）などが各々独立して、いっときの国を建てることとなった。

その騒乱に乗じて、今の遼西《りようせい》地方で振るい起こったのが遼国《りようこく》（九一六－一一二五）で、それが西北の幽燕《ゆうえん》の地から侵入する。こうして支那の一部は、またも夷狄《いてき》に亡ぼされた。五代も末期に至ると、宋《そう》（九六〇―一二七九）が遼に代わって内部を統一した。ただ、遼を亡ぼすまでの勢いはなかったから、満洲《まんしゅう》の女真《じょしん》を教唆《きょうさ》して、その背後を討《う》たせた。これによって女真は遼を亡ぼすが、そのあげく支那の北部までも討ち入って、金国《きんこく》（一一一五―一二三四）を建てた。

支那はまたも南朝の故都《こと》に移り、南北に二分して争わざるをえなくなった。これが、北方の他民族によって支那が亡ぼされた三度目である。

その十三　朱子《しゅし》の学風と孔子の儒教

さて、宋代《そうだい》に入ると、唐代《とうだい》に行なわれた科挙《かきょ》の法、詩歌《しいか》によって官吏を挙用《きょよう》するといったことは廃止された。儒教《じゅきょう》に仏教を引きつけて心理的に研究し、漢代《かんだい》の五経《ごきょう》に代わって、『大学《だいがく》』『中庸《ちゅうよう》』『論語《ろんご》』『孟子《もうし》』の四書《ししょ》を一般的な儒学《じゅがく》とした。さらに、五経を攻究《こうきゅう》すると、その当時に用いることのできるような礼法《れいほう》をつくろうという理想を抱《いだ》いた。これが、朱子《しゅし》（一一三〇—一二〇〇）によって成功を見たのである。

朱子の理想では、儒学を修身《しゅうしん》的に攻究するものとした。そして、学問というものは、後覚《こうかく》の者（あとから学ぶ人）が先覚《せんかく》の者の行事《こうじ》（日々行なう事がら）に倣《なら》ってこそ、善《ぜん》に移るとした。修身を政治に施《ほどこ》すことで、周《しゅう》の敬礼《けいれい》を参酌《さんしゃく》（うまくとりいれる）し、今に適する礼法をつくって孔子《こうし》の遺志があるところを遂《と》げようとした。

この理想のもとに、朱子は儀礼の「経伝集解《けいでんしつかい》」をつくって実地で試みようとしたが、当時はこれを採用するものがなかっただけでなく、「偽学《ぎがく》」と称して激しく攻撃するものもあった。

宋は、このあいだにも、その北部をしばしば金《きん》によって蚕食《さんしょく》（カイコが桑の葉を食べるように片っぱしから侵食する）されていたが、金もまた、いつしか支那民族の形式主義、虚飾によって感化され、精神的にはかえって宋に征服されて衰弱していた。

こうして金は、西北より侵入した蒙古《もうこ》（モンゴル）によって、都である汴京《べんけい》と燕京《えんけい》を棄《す》て、もはや滅亡もやむをえない運命となった。

当時の蒙古は、先代のジンギスカンがヨーロッパを征服した余烈《よれつ》（先人の遺産）を受け、猛烈な勢いで支那に侵入してきた。このときばかりは、南部までもすべて征略《せいりやく》され、支那全土が蒙古の所有となってしまう。宋はついに亡びたのである。

しかし、蒙古もまた、ただ蛮威《ばんい》を振るうのみで、特別な文明があったわけではなかった。やはり支那の形式と虚飾にとらわれて、気力を失った。

そして、有史以来、初めて夷族《いぞく》によって征服されたという追憶に、南方の支那人たちの心は平穏《へいおん》とはならず、くりかえし騒乱を醸《かも》し、とうとう蒙古は国を支えることができなくなった。

五、六十年後には、江南《こうなん》の一角にある南京《なんきん》に明《みん》（一三六八―一六四四）が新たに起こると、蒙古の元《げん》（一二七一―一三六八）は脆《もろ》くも亡んだ。ここに支那は再興されたが、この大業を成就したのが、明の太祖《たいそ》（一三二八―一三九八）である。

明の太祖は、たいそう朱子学を嫌っていた。しかし、子の太宗《たいそう》（成祖永楽帝《せいそえいらくてい》、一三六〇―一四二四）の時代になると、もと金の都だった燕京、つまり今の北京《ぺきん》にその都を移し、西北の満洲《まんしゅう》や蒙古を鎮圧する計画をなしたがために、秦《しん》の始皇《しこう》（始皇帝）の故智《こち》（先人の知恵）を襲《つ》ぎ（継ぎ）、国内では黔首《けんしゅ》（庶民）を愚かにするための法を講《こう》じた。

そこで、科挙の法を復活し、朱子が註《ちゅう》した「四書」に、さらに侍臣《じしん》（おつきの家来）が細かい註を加えて『四書大全《ししょたいぜん》』とした。これを全国で読ませて、科挙に用い、士《し》を試みる（官吏に登用する）ことにしたのだった。

このときより、孔子《こうし》の儒学は、唐代の詩賦《しふ》に代わって用いられることとなった科挙文（科挙の答案の特殊な文体）によって、まったく形式的、虚飾的なものとなりはてた。その根本の精神は、すっかり亡び去ったのである。

しかも、朱子の意を受けたことで、あわよくばその学風に「五経」を結びつけて、孔子の本意である「敬礼《けいれい》三百、威儀《いぎ》三千」の繁文縟礼《はんぶんじょくれい》を時代に相応させる形で復活させた。こうして政治を粉飾（虚飾でとりつくろう）しようとしたのだけれども、実際にはなんの効果もなく、むやみに空論《くうろん》の喧囂《けんごう》を増す（意味のない口々の議論がやかましく続く）だけであった。

これに対し、明代の王陽明《おうようめい》（一四七二—一五二九）はその無用を看破《かんぱ》した。朱子が、学問とは「先覚の為《な》すところに効《なら》う（先人が行なったことに倣《なら》う）」といったのをさらに進めて、

「知れば即《すなわ》ち行なう（知ることは実践すること）」という峻烈《しゅんれつ》な説を立てた。

虚飾浮華《ふか》（うわべは華やかだが実質にとぼしい）な古代の礼法を講ずるようなことは無用であるとして、いっとき学界を風動《ふうどう》（感化）したのである。

陽明学は、陸象山《りくしょうざん》（一一三九―一一九二）の考えに源流を汲《く》み、大成させたものである。

朱子学はあまりにも知に偏《かたよ》っているので、みずからを守るところで弱くなる。その「まず事物の理を究《きわ》めてから、ようやく行為に移ろうとする」ところを、たいへん歯がゆく思い、これでは、とても多忙な活動界に立って、敏活《びんかつ》に事の処理をすることができないと考えた。

では、これをどのようにすればよいのか。由来、われわれには、天賦《てんぷ》の良知《りょうち》（人が生まれながらに有する正しい知恵）というものがある。

ところが朱子学では、これを棄ててしまって顧《かえり》みようともせず、むやみに事物の理をわが身の外側に求めまわるものだから、終生遑々《しゅうせいこうこう》（死ぬまで落ちつかない）として、その結果なんらの得るところもなく、卒然《そつぜん》（突然）と変《へん》（急な事態の変化）に遭遇すると、挙措《きょそ》を失って（とり乱して）茫然《ぼうぜん》としてしまうのだと考えた。

こうして彼は、『大学』の「致知格物」の読み方さえ、朱子学とは異なるものとした。つまり朱子学では、「意を誠《まこと》にする（誠実な意思を持つこと）は知《ち》を致《いた》すに在《あ》り、知を致すは物に格《いた》るに在り」と読んだのを、王陽明はこれを「物を格《ただ》すに在り」と読んだ。「毫釐《ごうり》（ほんのわずか）の差は千里の誤《あやま》り」とはよくいったもので、わずか一字（「格」の字）の解釈の差ではあるが、その義《いみ》の差は天淵月鼈《てんえんげつべつ》（天と沼の違い、月とスッポンの違い）のようである。

朱子流に説けば、意を誠にするには知を養うことが必要だが、知を養うには物の理を究《きわ》めなければならないということになる。つまり、事物の理を究めることが先で、意を誠にすることがその結果となる。

これを陽明流に説くと、意を誠にすれば知は養われるから、知を養うことは事物の理を正《ただ》すことにあるというのである。原因と結果の関係がまるで前者とは反対になる。

すると前者では、標準となるものがわが身の外にあって、学問をするということはその身外《しんがい》の標準を求めまわることであり、それを得てそれに合わせようとすることになる。

しかし後者では、標準はわが心の内にある。これが良知である。意を誠にしていれば、その良知が玲瓏《れいろう》と（玉が輝くように美しく）あらわれてくるから、それを唯一の鍵として、日常に遭遇する事物の理を開くのである。そこで、宇宙の真秘《しんぴ》もこのように開かれるべきであるとした。

いわば、陸象山が「宇宙内《うちゅうない》のことはすなわち心内《しんない》のこと。心内のことはすなわち宇宙内のこと」といって、「六経《りくけい》はみな、わが心の註脚《ちゅうきゃく》なり（儒学の古典はいずれも人間のことを書いているのだから、すべて私自身の注釈書でもあるのだ）」と喝破《かっぱ》した心的態度である。

王陽明は、良知について、こう説明している。

「聖人の知は青天の日の如《ごと》く、賢人の知は浮雲《ふうん》の天の日の如く、愚人の知は陰霾《いんまい》の天の日の如し（聖人の知は、青く晴れわたった空の光のようで、賢人の知は、雲が浮かぶ空の光のようで、愚者の知は、砂ぼこりで曇った空の光のようである）。

昏明《こんめい》同じからざることありといえども、その能《よ》く黒白《こくびやく》を弁《べん》ずるはすなわち一《ひとつ》なり。昏《こん》黒《こく》の夜の裏《うち》といえども、また影々《えいえい》に黒白を見得《けんとく》するは、この日の余光《よこう》、未《いま》だ尽《つ》きざるところに就《つ》くなり（明暗の違いはそれぞれあるが、その中で、ことの善悪をはっきりと弁《わきま》えなければならないのは同じである。漆黒の夜でさえ、影という影から善悪を見極めようとすれば、この日の光の残りがまだ失われていないところに行きつく)。

困学《こんがく》の功夫《くふう》もまた、ただこの点の明《あきらか》なるところより精察し去《ゆ》くのみ(学問に行きづまったときの工夫も、このわずかでも明るくなっている一点から念入りに考えていくしかないのである)」

つまり、この言葉によって明らかとなったように、どんな暗い夜であっても、天からの日がまったく尽きてしまうわけではない。なんらかの幽《かす》かな光明はあって、朧《おぼろ》げながらも、その色相《しきそう》を弁知《べんち》する(思慮をもって知る)ことができる。これと同様に、どれほどの愚者の胸中にも、良知の余光が漏《も》れ透《す》けているから、事物の玄理《げんり》(深くにある道理)を識別する多少の能力は必ず存在するのである。

その能力に縋《すが》って(頼みとして)究め入れば、妖しい雲を払って天の日を見ることができるように、誰でも妄執《もうしゅう》を斥《しりぞ》けて、良知の赫奕《かくえき》とした(強く輝く)光明を現わすことができるというものである。

道は遠きにあらず。それはずっと近く、自身の腔子裏《こうしり》(身体の中)にあると見るのだから、ふたたび大きな自覚がここに開けば、禅家《ぜんけ》の頓語《とんご》(禅語)と同じように、その刹那《せつな》(一瞬)に心身の大自在《だいじざい》(完全な自由)を得て、どんな盤根錯節《ばんこんさくせつ》(ものごとが曲がりくねって、入り組んで、容易に解決できない）にも、庖丁《ほうてい》の牛《ぎゅう》を解《と》く（名料理人がみごとに牛を解体する）かのように、活発に処理されるべきものである。

王陽明には、有名な「四句訣《しくけつ》」というものがある。

「善無く悪無きは、心の体《たい》。善有り悪有るは、意《い》の動《どう》。善を知り悪を知るは、これ良知。善を為し悪を去るは、これ格物《かくぶつ》」と。

心の本体とは、もともと虚霊不昧《きょれいふまい》（何もない真っ白な状態）で、善もなければ悪もない。それでも善があって悪があるのは、心の前に物が現わることで、その意が動くからである。物があってから、そののちに善悪がある。物がなければ、善悪もない。

ただ、物がひとたび現われたとき、「これは善で、あれは悪」というように差別（弁別）する力がある。その力を良知という。さらに、善のみを取って悪は棄てる、それこそが格物だというのである。

この「四句訣」は、後世に陽明学派が長く守り金科玉条《きんかぎょくじょう》としてきたものだが、すでに、これによってその要諦《ようてい》を見知ることができるように、良知とは、「善悪とは何かを知って、善に動く」というものである。

それがもとづくところは、やはり孟子《もうし》の性善説にある。孟子の性善説は、「惻隠《そくいん》（同情）、羞悪《しゅうお》（悪を恥じる）、辞譲《じじょう》（譲りあう）、是非」の「四端《したん》（四つの芽生え）」に根拠を置く。四端は、いずれも王陽明のいう良知の作用中に含まなければならない。

王陽明の教えはこのように、従来の儒学と比べれば、その形はたいへん簡易で率直なものとなったが、それと同時に、その実行力はたいへん強大なものとなった。

元来、実行は力である。そして、力は信にある。そのため、信念が足りないばかりに懐疑的な穿鑿《せんさく》を立てることは、ことあるごとに機宜《きぎ》（チャンス）を失して、何ひとつテキパキと処理ができるものではない。

そこで、かの大哲《だいてつ》（偉大な哲学者）カント（一七二四―一八〇四）を見よ。

彼の『純粋理性批判』では、あくまで厳正《げんせい》な認識的論拠の上に立ったがために、「物如《ぶつにょ》の世界は不可知《ふかち》（物それじたいを認識することはできない）」とはっきり断定せざるをえないようになった。

しかし彼は、大いなる聡明《そうめい》さを持っていた。それで、道徳を杓子定規《しゃくしじょうぎ》に説くべきではないことも知っていた。これが『実践理性批判』によって、前に棄てた物如の世界を信の上に活かすことで、神と霊魂不滅と自由意思とを説き、いわゆる道法律《モラル・ロー》（ソフト・ロー）に無上の権威があるとしたのではなかったか。

そこでカントは、「信仰の道を開くために、知の道を塞《ふさ》ぐことにした」といった。ここでいう「知の道」は、「純粋理論」のことを指している。

王陽明は、カントがいうところの「実践理論」の上に立って、良知を説いた。つまり、この良知はカントの道法律にあたるものである。良知とはいうが、その中には（知ではなく）大きな信が充《み》ちている。

信という胸中に一点、惺々《せいせい》とした（澄みきった）ものが命じるところでは、大水や火の上も踏まねばならないし、刀刃《とうじん》も避けるべきではない。断固として直前邁往《ちょくぜんまいおう》（目の前をひたすら進んでいく）するのみである。

それこそが、彼がいうところの「知行合一《ちぎょうごういつ》」である。朱子学の「知往《ゆ》きて、行《おこない》これに従う（知が先にあって、はじめて正しい行為が起こる）」といったような、まどろっこしいものではないのである。朱子のような学説の下では、なるほど、あのような繁瑣《はんさ》な礼というものが必要なのかもしれない。

いっぽうで陽明学は、われの意を大いに得たものではあるけれども、孔子が説いた儒学とはだいぶ縁遠くある。むしろ、それに対して最後の止《とど》めを刺したものともいってよいであろう。

ともあれ明代は、太宗の政略以来、やはり『四書大全』を科挙の書とし、すべての学者を愚かにしてしまったために、その後はさしたる人物の輩出《はいしゅつ》も見ることなく終わった。そして、吉林《きつりん》で起こった韃靼《だったん》（韃靼はモンゴル人のことなので、正確には満洲人）の愛新覚羅《あいしんかくら》氏に征服されることとなる（清の建国）。これが、支那が夷狄に亡ぼされた四度目であった。

清朝《しんちょう》（一六三六—一九一二）の英主康熙《こうき》帝の時代になって『康熙字典《こうきじてん》』を編纂し、文字の蒐集《しゅうしゅう》を大成した。この字典の中には約六、七万の文字が集められており、いかなる大学者であっても、この丈《たけ》（分量）の文字を知りつくすことは、とても不可能となった。

しかし支那には、方言が多種あるから、いたずらに文字の数が多いわりには、その義《いみ》は充実を欠いている。そのため、義の充実を求めようとすれば、文字の不足を感じる。二つの文字を連ねて熟語をつくらなければ、十分に意をあらわすことができない。こうして、熟語というものがつくられることとなった。

そうすると、浮華《ふか》（表面だけ華やか）を喜ぶ支那の国民性がたちどころに現われて定着せず、音調の美しい字面のみをつくる。その文字には、自然と文学的に流れざるをえない要素が、すでに胚胎《はいたい》している。

こうして『韻府《いんぷ》（佩文韻府《はいぶんいんぷ》）』という書ができる。その中に含まれている語を連ねると、そのまま詩になる。文章そのものも、いつしか韻文《いんぶん》となるという段階を得る。こういった文字を巧妙に排列（配列）できる伎倆《ぎりょう》（技量）に富むものが、やがて学者と称されるようになる。

その結果、四六駢儷文《しろくべんれいぶん》、八股文《はっこぶん》というような文体ができ、科挙文には必ずこれを用いなければならないということになった。近く清代にまで、これが行なわれてきた。このため、唐《とう》以来、政治家に文学者でないものはいないという観を呈するようになった。

プラトー（プラトン、紀元前四二七―紀元前三四七）は「政治家たるもの、哲学者でなければならない」といったが、それとは意を異《こと》にして、支那では「政治家たるもの、文学者でなければならない」というようなものとなり、その遺風《いふう》が最近まで残っていたのである。

いまなお、大官《たいかん》（高官）になると、何々殿《なになにでん》の学士とか、何々閣《かく》の学士とかいった称号を有している。

また、周代の文字の古いものになると、篆書《てんしょ》、隷書《れいしょ》などというものがあり、たいへん古《こ》雅《が》な形をしているが、これが時代にしたがって漸次《ぜんじ》に変化している。

支那では書を重んじて、一種の芸術品となったがために、学者ともなれば、おのずとこのようなことまで心得ていなければならない。学者が登用されて官吏となるのであるから、官吏は必ず能書《のうしょ》（書がうまい）能文《のうぶん》（作文がうまい）でなければならない。

因襲が久しく、このように続いたために、政治家はただ文字を借り（利用して）、粉飾することのみにつとめ、実質は何かを顧慮《こりょ》（気にかける）することもなく、ひとえに形式を整えることだけを尊ぶようになった。

その十四　武強《ぶきょう》で亡ぼしても、文弱に征服される

以上にあげた説によってすでに明らかとなったように、古くより支那の統一は、唯一の

民族の手によってなされたわけではない。「四海《しかい》」より入ってきて支那を征服した蛮族は、いくつもある。

まず一番手で北から入ってきたのが、内部にあった犬戎《けんじゅう》で、次には匈奴《きょうど》人、それから羯《かつ》、その次には羌《きょう》、さらにその次には鮮卑《せんぴ》、ここからは満洲《まんしゅう》人、蒙古《もうこ》人、東から入ってきた韃靼《だったん》人、つまり清朝《しんちょう》などである。

これらがその志《こころざし》を遂げ、支那を征服して、いわゆる「中国」に入るとどういうわけか、すぐにそれに同化されてしまう。すぐに在来の支那文明に阿《おもね》り、古くの聖人たちに媚《こ》び、先王たちの道に屈従《くつじゅう》する。そのため、「文をもって太平を修飾する（レトリックで表向きの平和を美化する）」というような積弊《せきへい》にまで同化されてしまう。

支那の領土は大きく、漢《かん》時代には天山《てんざん》（天山山脈）より交趾《こうち》支那（ベトナム）、朝鮮にまでも拡《ひろ》がっていたので、それ以来、多少の消長はあったといっても、清朝盛時の範囲くらいは常に保っていたから、これに優《まさ》る強国が四隣《しりん》にない。

競争が起こったとしても、常に支那一国の内側に限られていたから、勝ったにせよ負けたにせよ、そのために支那の文明に新しい要素が加えられることが少しもない。

というよりも蛮族は、武力的、物質的に漢民族を征服していても、かえって漢民族からは、文学的、精神的に征服されていた。

蛮族が前の王朝を亡ぼして、それにとって代わっても、彼らがつとめるところは、ただ宮殿楼観《きゅうでんろうかん》を営《いとな》み、宮女《きゅうじょ》三千人を養い、さらに自身の一族の子弟を地方の諸侯に封《ほう》じるといったようなことの他には何もない。元《げん》が宋《そう》を亡ぼし、また清が明《みん》を亡ぼして支那の天下統一をしたところで、みな同様であった。

そのために、蒙古や満洲の新文明が加わって支那の民心を一新したなどというようなことは、かつてない。

詩文を弄《もてあそ》ぶ以外になんら政治上の理想はなく、わずかにあったとしても、それは先王の道、唐虞三代《とうぐさんだい》の治《ち》である。それに唐虞三代の治とはいうが、このような黄金時代がはたして支那の上世《じょうせい》（上古の時代）にあったのだろうか。歴史家たちが究めるところによると、これもただ後世に理想化されたものであるともいう。

もっとも、こういったことにも考えが至ることはなく、むやみに謳歌《おうか》し騒いでいるだけだ。しかしながら、病《やまい》すでに膏肓《こうこう》に入《い》り、これが支那人のいわゆる一種、本然《ほんぜん》の性（持って生まれた性質）となって進化しているものだから、一朝一夕《いっちょういっせき》ではなかなか改善しがたいのである。

その十五　支那人は、いまもって鬼神説《デーモニズム》の信者である

本質的に、その人間なり、民族なりが持っている性質を変えていくには、進化の力によらねばならない。

この世は、激烈な生存競争の世界であって、ただ適者だけが、その競争に打ち勝って生存しつづけることができる。不適格者は、しだいと種の滅亡に向かっていく。

では、どうやって適者になることができたかといえば、ただ、いまある境遇に順応し、みずからをそれに合わせて変化していけるものだけが、適者となるのである。

たとえば、古代ギリシャ人を見れば、当初、その版図《はんと》は小部分にすぎなかったのが、小アジアのアッシリア、バビロン、さらに、アフリカのエジプトと、地中海をはさんで、た

がいに競争し、カルタゴ、フェニキアなどと、兵を交えた。

このとき、いまの国際状況だけを見て、そこから古代を考えると、見方を誤る。けっして、文明国であるギリシャが、他の蛮国《ばんこく》と争ったというようなわけではない。やはり、同一程度の文明を持つ国家と争ったのである。

いまでこそ、地中海沿岸の小アジア地方からエジプトにかけては、ペルシャ人やアッシリア人が住んではいるけれども、この当時は、ギリシャ人と同じアーリア人種がいたところであった。

地中海を中心にし、ヨーロッパの南部、アジアの西部、アフリカの東部にかけて、地図の上に円を一周えがいてみて、その内側が当時のアーリア人種の活動舞台だったのだと思われる。

古代ギリシャ人は、すでに同一程度の文明国と競争したのであるから、それは激甚《げきじん》なものであった。ギリシャは、適者として、その競争に打ち勝ち、のちのヨーロッパ文明の基礎を開いたのであった。

ご存じのとおり、その末路には、ローマ人が攻め入って、ギリシャ人にとって代わり、イタリア半島に雄飛《ゆうひ》して、長く権勢をふるった。

それが今度は、北方の蛮族（いまのドイツにいた民族）によって征服され、ローマ人の帝国は亡んでしまうのだが、新たに起こったというその蛮族も、いつまでも蛮族ではない。しだいに境遇に順応し、進化することによって、ついに、また新たなヨーロッパ文明の彩《さい》華《か》を発揮することができたのである。

そういった歴史の流れからもわかるように、この世は、ただ進化の理法《りほう》に従うもののみが、うまく生き残ることができる。

ところが、どうだろう。支那《しな》には、数千年の歴史がまるで一日のようにしてあるだけで、まったくといって進化の跡がない。いつものように、形式を尊び、詐術《さじゅつ》を愛し、それでいて、窮境《きゅうきょう》（苦しい立場）におちいったときには、頼るべきではない相手を頼りにして、目の前の苦痛だけが去れば、それでいいのだといったように、将来の大きな患《わずらい》にまで思慮の及ぶことがない。

このたびの、わが国との交渉の中で、彼らの示した態度が、まさにそれなのである。

無知蒙昧《むちもうまい》な古代の人間は、幽霊を恐れる。恐れるような理《ことわり》はないのだが、事物の理に通じていないために恐れる。無知のものにとってみれば、山川草木《さんせんそうもく》、自然にあるもののすべてが人間に向かって怪異を行なうと疑われるのが常なのだ。

これは、いわば古代の鬼神説《デーモニズム》である。このような鬼神説が、いまではすでに亡び、行なわれなくなったのも、人智の発達があったからである。つまり、宗教の進化である。

ところが、支那人は、いまもって外交に当たるとき、一種の鬼神説の信者であるかのようにふるまう観がある。恐れるべきでないものを恐れ、真に恐れるべきものが他に存在していることを知らない。このため、頼むべきではない者の力を借りて、自分たちがいま恐れている者を除《のぞ》こうと努めているのである。

まるで、無知蒙昧な古代の人が、加持祈禱《かじきとう》（祈り）、禁厭《きんえん》（まじない）、呪符（お守り）などによって、悪霊をはらおうとしているかのような愚《ぐ》に類するものだろう。これも、支那人に応化性《おうかせい》（変化への適応力）というものがなく、時代に即応する知識がないことの証《あかし》ではないだろうか。

このままの支那が亡ばないのであれば、世界に亡びる国はないともいえるほどだ。日本は幸いにも、応化性に富んでいる。そのため、国運の発展が今日のようになったが、支那人は、この日本の姿を見て、あえてこれに倣《なら》おうとする意気を持っていない。

その十六　国は自力によって保たれなくてはならない

けれども、玲瓏《れいろう》とした理性の光は、どのような人間の胸底にも潜在している。それがいったん逆境に臨むと、燦然《さんぜん》として光を生じるものだ。

わが対支《たいし》交渉も一時は行きづまって、そのなりゆきから東洋の平和を破るべきかを気にかけたが、支那の当局者は、このような危機一髪という時点になってようやく理解を生じたのである。ここに三カ月間の難交渉も円満な解決を見るに至ったことは、何より日支《にっし》両国のために喜ばしい。

この間にも策を弄《ろう》し、今少しばかりの彌縫《びぼう》（一時しのぎ）を続けていこうとしたかもしれないが、その多くいる人たちの中にも、相応の知識があって、意見のある人もいて、世界の大勢の中で、四囲《しい》（周囲）の境遇の上からも、これは避けることのできない流れであると信じたのであろう。また、最初は日本の政略を疑っていたものも、十分にその精神があるところを理解するようになったためだろう。

しかしながら、この理性の光は、目の前の困難が去ってしまうと、すぐに隠れがちでもあるのだ。

支那に外交関係というものが起こってから、はや一世紀にもなるが、この間には幾多の困難があり、領土を失い、内乱を起こし、革命を招いてきた。

そうであれば、なんとしても物質的ではなく、精神的な変化を来《きた》さなくてはならない。支那固有の文明を、世界最新の文明と調和させせられるだけの改革が遂げられなければならないはずである。支那は、ひとたび現われた理性の光を再び隠れさせることなく、むしろそれに導かれて一大革新を遂げることで、自己の国力を充実させなくてはならない。

身を亡ぼすような病は、外から迫りくるものではなく、多くは内から生じる。このことを戒《いまし》めなくてはならない。

たとえ一時は病魔に襲われることがあっても、平生《へいぜい》よりその体力を強健にしておけば、人間には本能的に回復力があるものだから、その病魔も駆逐することができるはずだ。

ところが、その反対に体質が虚弱であったら、さぁ病気に罹《かか》ったからといって、にわかに耆婆《ぎば》扁鵲《へんじゃく》（最上級の名医）だ、神丹霊薬《しんたんれいやく》（最上級の薬）だといって騒ぎ立てたところで、その病を攻める間の体力が保てなくなる。こうして病が治らないうちに、体力が支えられず、ついに気息《いき》を引きとってしまうのである。

国家もこの点において、個人の場合と変わるところがない。そこで、われわれはいうのである。

「国を保つには、すべて自力でやらなくてはならない。他国を頼りにしてはいけない。他国を頼りにすれば、かえって自己の存在力を弱め、国は亡びるしかないであろう」と。

支那はいつも、このとき経験した新しい教訓に依《よ》りかかって、再び他国に依りかかって事をなすという姑息《こそく》な策を繰り返そうとする。

ある昔、晋《しん》は、虞《ぐ》の国に名馬と宝玉を賄《まかな》ってやることで、虢《かく》の国を伐《う》つための道を仮《か》りた（虢を攻めるために、晋の軍が虞の国土を通過するための道を借りた）。しかし晋は、虢を平定すると、師《し》を旋《めぐら》す（軍を戻す）にあたって、虞も亡ぼし、前に与えた名馬と宝玉をあわせてとり返したという話がある。

虞は義《ぎ》（虢との盟約）にしたがって行動せず、強国（晋）を頼りにして一時の小康を貪《むさぼ》ろうとしたために、この極《きわみ》（究極の裏目）に至ったのである。他を頼りにするものの格好の教訓がここにある。

われわれは支那人の将来を慮《おもんぱか》るからこそ、切実にこの習慣を改めるよう望んでいるのである。これは今に始まったことではない。われわれがいつも憂《うれ》いて、支那に対し戒めてきたことであるが、どうも第二の天性のようになっているから、容易には改まらない。が、このまま改まらなければ、支那は亡ぶしかないだろう。われわれは東洋の永遠の平和を思い、われら東洋民族の発展を希《こいねが》う以外に、なんら支那に対して野心を包蔵《ほうぞう》しているわけではない。

このたびの交渉案件のような場合でも、あれこれとみな、この精神のあらわれであった。一言一句、われわれが心血を注がないものはなかった。しかし支那人は、これらをすべて異なる心理状態からとらえて、反対の意味に曲解してしまった。それも眼界《がんかい》の狭隘《きょうあい》（視野の狭さ）によって思慮が徹底しないためであった。

もっとも、日本人の中にも多少の野心家がいて、支那を取ってしまえなどという。これこそ誤りのはなはだしいもので、公正なわが六千万人の与論《よろん》（社会的合意）はこういったことを望んでいない。このような考え方は、ただ支那のためにとっても不利になるばかりか、わが国にとってもたいへん不利となるものである。

その十七　自滅しないのであれば、亡びることはない

今日の支那を奪おうと思えば、奪えるのかもしれない。しかし、そのために、日本もまた衰亡の淵《ふち》に急ぐことを忘れてはいけない。いわゆる鷸蚌《いつぼう》（シギと二枚貝）の争いが起こったことによって、ついに漁夫《ぎょふ》の利《り》を得たというのでもなければ、一段落しないであろう。日本の公正な与論は、明らかにこのことを知っている。

とくに言うまでもなく、あの大国は、けっして他国によって征服されることはない。もし、支那が亡ぶようなことがあるとすれば、それは自滅であって、外からの攻略によるものではない。欧米のいかなる強大国であっても、いまや新興の気運に満ちている、わが日

本であっても、結局のところ、支那を亡ぼすことはできないのである。

仮に、うまくいって、いっとき支那を亡ぼし、その主権を掌握《しょうあく》することができたとしても、あのような不検束《ふけんそく》な（抑制のきかない）大国を統治し、これをある程度の節度《せつど》のもとに服《ふく》させようとするのには、たいへんな人力と財力とをあわせて要する。

日本がそれを試みたところで、日本の財力は、たちまち枯渇《こかつ》するであろう。いや、欧米の力をもってしても、同様に不可能と見るべきだ。

ヨーロッパ全体の規模に近い大民族を、一国の力で統御《とうぎょ》しようなどというのは、まったくもって空想に他ならないのである。このことを知るのは、日本だけでなく、世界もおそらく同じだろう。それで、いっときはあった、中国を諸国で分割しようとするような態度、つまり侵略的な態度は、放棄されたのである。

自国の力によって支那をうまく奪えないことがわかれば、それと同時に、他国にこれを奪わせてはならない、という考えが起こるのは、いたって自然のことである。どこの国も、他の一国をもって、この国をわがものにすることを許さないからだ。

これによって諸国が、たがいに依り、たがいに頼んで、ともに支那を保全しておこうという運動が起こってきたのである。分割が始まれば、支那の国内に大乱が生じるし、言うまでもなく、支那の利益を、ただ一国が独占するのを、どこも許さないからだ。

そこで、いわゆる門戸開放主義、機会均等主義というものが現われた。

支那人は、こういったものに対し、れっきとした独立国に向かって、門戸開放だの、機会均等だのと、外国で主張して騒ぐのは、いらぬお世話だというかもしれない。しかし、支那は国力が足りないために、完全な独立国の体《てい》をなしていないのである。これくらいのお世話は、やむをえないのではないか。

支那に対する世界の方針は、これが永久に続くかどうかは、保証のかぎりではないけれども、とにかく現在は、このようなものであって、また、近い将来にも変動はないものと信じている。

つまり、あくまで平和主義である。日英同盟のようなものも、実際のところ、明らかにこの精神にもとづいて存在しているのである。日露協商の成立も、また同じである。

ただ、日本にかぎって言えば、それら諸国にくらべても、支那に対する地理的な優越権を持っているから、日独戦争が終わるのを待ち、支那に対して友誼《ゆうぎ》的に、今度の交渉を開始したにすぎない。

不幸にして、先方のあいだで誤解があり、交渉に困難を生じたけれども、こうしていま、無事に終結できたのは、何よりも大きな慶《よろこ》びである。

このように論じると、いかにも日本と支那の両国民のあいだには、心理状態に大きな相違があるように思われるけれど、実際はそうではない。もとは、同種同文《どうしゅどうぶん》（同じ人種、同じ言語）なのだ。根本のところにおいて両者の性質は近く、のちの習慣によって遠くなったにすぎない。

そうであれば、支那はこの点について、四六時中《しろくじちゅう》、深く省《かえり》みなくてはならない。

その十八　なぜ、日本と支那は相携《あいたずさ》えるべきなのか

同種同文とは、支那人がわれわれに逢《あ》えば語っていることである。同種同文、唇歯輔車《しんしほしゃ》（唇と歯、車軸と車輪のような、切っても切れない関係）、これは、支那人のわれわれに対する常

習的な辞令（言葉づかい）となっている。

その辞令の内容に異論はない。いや、われわれは、その語が有する真の精神について、深く確固とした信念を抱くものである。しかし、支那人がそれを言うときは、なんらの信念のない、ただ一場の口頭の（その場かぎりで口先の）辞令にすぎない。彼らは、口先では和して、腹の中で背《そむ》いている。われわれはこの状況を好んでいない。

こういった辞令が支那を誤らせて久しく、今もってそれを悟ることがない。むやみに同種同文といい、唇歯輔車といっておきながら、これを宝にする（大切にする）ことを知らない。これでは、激甚《げきじん》な世界の競争現場の中に立ちながら、わが東洋民族をどうしようというのだろうか。

今日は、いたずらに日本と支那が相排擠《あいはいせい》する（たがいに押し出しあう）ようなときではないのではないか。

これを戒めるような金言は、支那の古い聖人の教訓の中にいくらでもある。つまり、その「雄大な四海兄弟《しかいけいてい》」という思想と、「一《いち》有《あ》りて、二無し（唯一無二）。道の本源は天より出《い》づ」というような信念である。これら教訓の上に立って望めば、日本と支那の両国が相《あい》和《わ》するくらいのことは、訳のない話だ。

このたびの交渉の経過においても、支那はまさしく翻然《ほんぜん》（急いで考えを改める）と大きな自覚に達しなくてはならないはずである。

他を頼りにするな。みずから立て。競争は宇宙間の真理であって、どのようなものもここから免《まぬが》れることはできない。

個人の間にもそれは激烈に行なわれ、たえず落伍者《らくごしゃ》が現われる。財界になんらかの変動がひとつ起こるだけで、薬を仰《あお》いで死ぬとか、ピストルでわが脳を貫いて死ぬとか、いろいろな悲惨な出来事が起こるものだ。これが国家の上に起こると、いっそう大仕掛けで、いっそう激烈である。

このたびのヨーロッパ戦乱のようなものも、これに他ならない。いやだといっても、遁《のが》れられる場所がない。

すると今は、計《けい》（戦略）をなすのであれば、うまく境遇に順応して、適者となって、強者とならなくてはならない。順応すれば、不適者も適者となり、弱者も強者となる。

遺伝の病は治らないというが、肺病患者の子が必ず肺病で死ぬともかぎらない。悪性の遺伝があっても、その境遇によく順応して進化につとめることによって、しだいに矯正できるのである。

国家もこれと同じである。支那が自彊不息《じきょうふそく》（みずから努力し怠らない）を行なって、国勢を挽回し、隣境《となりざかい》の日本から見ても、その方面の長い憂《うれ》いがないようにしてほしい。

日本の国勢は今日のようなものに至ったとはいうが、支那に対して一日《いちじつ》の長《ちょう》があるだけで、ほとんどといって違いはない。つまり五十歩百歩である。支那の五十歩に対して日本の百歩でしかない。

日本も、将来永遠に欧米の先進諸国と轡《くつわ》を竝《なら》べて角逐《かくちく》（たがいの馬を横につけて競《せ》りあう）しようというのであれば、なお不断の努力と向上の精神を要する。であるから、軽々しく支那を笑うことは、過《あやま》りもはなはだしいというべきだろう。

また、支那がわれわれの努力と精神を学び来るのであれば、今日の危うい国勢が転じて、泰山《たいざん》の安きに置く（どっしりと安定させる）ことは、けっして困難なことではない。

猜疑《さいぎ》や嫉妬は、弱者の常弊《じょうへい》（いつもの弊害）である。しかし支那人は、世界の列強が対峙《たいじ》する関係をよく知悉《ちしつ》（熟知）し、わが日本民族の真の精神を諒解《りょうかい》し、日支が争うことが無意義なのを知るべきだ。そして翻然と、既往《きおう》（すんでしまった過去）がすべて非であるということを悟り、将来永遠にわが国と提携して、東洋の平和に尽くすべきである。

その十九　日本に漢字が迎えられた理由

上述のとおり、支那の民族性をさんざん論じて、支那へ一片《いっぺん》の警告を与えたが、ここからは、これとは別に、わが民族性がどのようなものかを少しばかり顧《かえり》みてみよう。

儒学には、なかば支那を浮華《ふか》虚飾《きょしょく》に導いたという責任があるように説明してきたが、これが正しいのであれば、日本も等しく儒教国ではなかったか。また、漢字そのものには、支那を文弱《ぶんじゃく》の弊害に陥《おちい》らせたという要素があるように説明したが、これが正しいのであれば、わが国も漢字を使用する国柄ではなかったか。

では、わが国勢が今日、支那と大きく異なる理由はどこにあるのだろうか。今少し、これらの問題について歴史的に省察《せいさつ》させてもらいたい。

支那文明が日本に入ったのは応神朝《おうじんちょう》、支那では六朝《りくちょう》の時代であったろう。いろいろ説もあるけれども、まず、その時分までは日本には文字がなかったといってよかろう。

もっとも、西陲《せいすい》（西の端っこ、九州）の土豪《どごう》などは、早くから朝鮮と交通していたから、支那文字（漢字）もその間に輸入されていたにちがいない。しかし、このような類《たぐい》のことは、一種の何部《なにべ》と称するものが職としていただけであって、貴顕《きけん》（地位の高い人）のすることとはされていなかった。出雲《いずも》に語部《かたりべ》があったように、筑紫《つくし》にも訳部《おさべ》というものがあって、この訳部が外国語を取りあつかっていたのである。

支那文字は、応神天皇以前より日本に入っていたといっても、一般には普及していなかったにちがいない。

たとえば洋学は、明治になって急に入ってきたものでなく、すでに天文《てんもん》年間（一五三二―一五五五）に入りこんでいたのである。通詞《つうじ》といって、今日でいう通弁《つうべん》（通訳）も現《げん》に存在していたけれども、ただ朝廷には御採用となっていなかった。朝廷にまで御採用となったのは、明治以後のことである。

これと同様に、支那文字が朝廷に採用され、それを用いて記録されるようになったのは、儒学が渡来して以後のことであるから、わが国に支那文字が入ったのも、まず表面上は応神朝からと見てさしつかえない。

それ以前に昔からある語部は、記憶のよい者を選び、それに前代からのことをすべて記憶させて、語り継《つ》ぎ、言い継がせたものであった。

しかし、ここでいうところの「語る」は、尋常の談話（通常の会話）とは異なる。文句にいくらかの段落を附《つ》け、また節奏《ふし》を附けて、長く発声し、語るのに適するようにしたのである。ただ談話するのでは興味が起こらず、記憶するのにも便利ではない。これは日本だけでなく、昔は多くこのようなものであったらしい。

ギリシャでも、古い歴史は歌だった。有名なホーマー（ホメロス）の時代がそうで、その歴史は単純な歴史ではなく、曲節《きよくせつ》（節まわし）を有する史詩《しし》であった。

わが国の語部の余風《よふう》は、のちの時代まで残存した。つまり、多くの物語本《ものがたりぼん》というのが、それである。『源氏物語《げんじものがたり》』『栄華《えいが》物語』『伊勢《いせ》物語』『平家《へいけ》物語』というように、どれも一種の語り物であった。

その語りは、今の講釈師《こうしやくし》に見るように、扇拍子《おうぎびようし》（たたんだ扇で台などを叩いて拍子をとる）

であったかどうかまでは知らないけれど、「そーれ一《いち》の谷《たに》の合戦にー」という講釈師流儀に曲節を附けてやったものであろう。

それがしだいに発達し、曲節が細かくなり、楽器に合わせて語るようになると、浄瑠璃《じょうるり》や義太夫《ぎだゆう》といったものに変わる。そのため、浄瑠璃を歌う、義太夫を歌うといわずに、みな「語る」という。『平家』も琵琶《びわ》に合わせてやるが、これも歌ではなく語りである。

わが国の上代では、このような工夫をして前言往行《ぜんげんおうこう》（昔の人が残した言行）を伝えてきたのだったが、そこへ支那文字が入ってきて、記録によって事実を伝えることができるようになり、非常に歓迎されたにちがいない。

応神朝に、百済《くだら》から、初め阿直岐《あぢき》が来て、ついで王仁《わに》（生没年不明）が聘《へい》されて（礼を尽くして招かれて）、「論語十巻、千字文《せんじもん》一巻」が齎《もたら》された。それから、阿知使主《あちのおみ》、都賀《つかの》使主の父子も同じ応神朝に来ている。秦氏《はたうじ》、漢氏《あやうじ》なども来て、朝鮮から続々と学者が入りこんできた。

阿直岐の末裔は史氏《ふひとうじ》となり、王仁の末裔は文氏《ふみうじ》、阿智使主の末裔は漢氏となり、それ以来、長く史官《しかん》や外記《げき》（文書係）の職を掌《つかさど》り、朝廷の記録や出納のことに任じた。それまでは数字もなかったのだから、数学も起こらず、したがって物の計算はできなかった。財政のことも、これら帰化人の手に委《まか》せ（任せ）なくてはならなかったのである。

これが、帰化人に大蔵《おおくら》の姓《かばね》を賜《たまわ》った原因であった。つまり、日本に儒学が入ってきたのは、支那思想の必要から導かれたのではなく、主として政治の実務上の必要から導かれたのである。さらに適切にいえば、漢字もその必要性から導かれたのである。

それ以来、わが国はことごとに唐制《とうせい》を模倣し、すでに応神朝より大学博士があり、のちの天武《てんむ》帝（生年不明―六八六）のころからは、とくに四科《しか》の大学が建てられていたが、そこで重きを置かれていたのは史学であった。

四科の大学のうち、そのひとつを紀伝道《きでんどう》、または文章道《もんしょうどう》ともいったが、これは史学のことである。

次には、明経道というものがあった。当時はこれを「ミョウギョウドウ」と読んだが、六朝時代に入ってきたものだから、おのずと呉音《ごおん》が多い。それでこのように読んだのである。つまりこれが、儒教の政治学である。

そのため、ただ博士といえば、必ず明経博士を指し、四科の他のものは与《あずか》らない（関係しない）。他のものと分かつためにも、これをとくに大博士ともいった。これが、中原《なかはら》、清《きよ》原《はら》の両家に伝わって外記職の学問となり、外記職は押小路《おしこうじ》家の家職となったが、学問のほうは船橋《ふなばし》家に伝わった。

その次には、明法道《みょうほうどう》といって法律を教え、最後のものは算道《さんどう》といって、孫子《そんし》、五曹《ごそう》、海島《かいとう》といったような算経《さんきょう》を教えた。つまり、数理や経済のことに練達《れんたつ》された者である。

が、実際のところ、最も重んじられたのは、紀伝道、文章道である。

政治には、東西の諸国、歴代の諸帝王による治乱興廃《ちらんこうはい》の跡《あと》を見て、その因果《いんが》の伏《ふく》するところを察し、鑑戒《かんかい》となす（結果に対応する因縁のありかを見つけだし、鑑《かがみ》のように戒めの材料とする）必要があった。

それは史学の職分といえるものだが、当時のわが国の史学がつとめたところはそのようなものではなく、隋唐《ずいとう》の学風を模倣したため、やはり支那の文章生《もんじょうせい》と同じように、詔勅《しょうちょく》などを書くのに、唐の美文を真似《まね》て書く用途に供しただけだった。つまり、文章のための史学であった。

政治には記録を欠くことができない。記録は文章に依《よ》らなければならないところから、文章が重んじられた。これにより、役人になるには、なんとしても文章が必要である。それで、当時は官吏を選ぶのに文章があてられ、それを用いるのも漢文であった。

かの菅原道真《すがわらのみちざね》（八四五―九〇三）のような人も、文章学の家に生まれた、非常な秀才であったから、文章博士になるのはもとより、右大臣にまで挙用《きょよう》されたのである。紀伝道からはこのように大臣を出しているが、これは他の三道には例のないことである。このひとつだけを見ても、紀伝道の一科がどれほど重きをなしていたかが知れよう。

支那の倫理学のようなものは、それほどまでに重んじられてはいなかった。日本に漢学を迎えたのは、主として政治の実務に供するためにあったことを知っておくべきである。

その二十　ここにわが民族性の光輝《こうき》がある

国民性の上でも、またその政治上でも、支那《しな》と日本との截然《せつぜん》（はっきり）とした分かれ目はここに存在する。

山陽《さんよう》（頼《らい》山陽、一七八〇―一八三二）は、その著『日本政記《にほんせいき》』の中に、日本の国民性を「簡易を尚《たつと》ぶ」と論じた。これは、まったく肯綮《こうけい》（ものごとの核心）に当たっている。わが国のすべての権力は、ひとつに君主に集中し、その政体は簡易な制度を採用している。

この簡易というのは、文化が開いていないときのことで、文化が開けば人事も複雑になって当然である。すると、日本の国民性が簡易ということは、その文明の程度の低さを証したものと観られうるかもしれない。

しかしながら、ここで文明の程度が高い低いというのは、ただ物質的に考えて言ったものにすぎないから、そういった批評は、精神的な面での、わが日本の文明の根本に触れてはいない。

忠《ちゆう》を尚《たつと》ぶものが進んで「質《しつ》」を尚ぶようになり、「質」を尚ぶものが転じて「文《ぶん》」を尚ぶようになるというが、まさに文明発達の順序はこのようであるべきだろう。

けれども、その根底にある要素として、どんな文明の進歩の階段であっても、この「質」というものを欠くことはできないのである。そのあるべき極致は、なんとしても「文」と「質」とを調和させた、いわゆる文質彬々《ぶんしつひんぴん》でなければならない。

日本は、「質」を尚ぶ国柄なのだ。「質」とは質実であるから、これを尚べば、おのずと簡易ということになる。

簡易を尚ぶからといって、これを物語的に解し、事々物々、なんでもかんでも簡易を尚ばなければならないというものではない。ただ精神的に解し、思想の根底にはこの簡易を尚ぶ、すなわち「質」を尚ぶことが必要というだけである。精神の据《す》えどころをこの「質」の上に定めなければならないというだけである。

さらに、これらの語をわれわれの感情に密接な語で言い換えるなら、「偽《いつわ》らざる誠《まこと》」ということになる。

もとより日本に漢字が入ってくる以前には、「質」や「簡易」などという語があるはずもない。では、それらの思想をどのような語で言いあらわしたかといえば、唯一「まこと」とだけいっていたのである。忠孝という字も語もなかったから、忠のことを「まこと」、孝のことも「まこと」といっていた。

それは、宗教的観念から来ている偽らざる心であって、一の誠が、万の徳を貫通しているのである。手がたい堅実の思想でもある。

『易《えき》』の「象伝《しょうでん》」の乾卦《けんか》（すべて陽）を説明したところに、「天行健《てんこうけん》、君子は自《みずか》ら彊《つと》めて息《や》まず（天地がとどこおりなく流れているように、君子もみずから意を尽くしつづけなければならない）」という語があるが、わが国の「まこと」とは、その心である。

この語は、よい語である。清《しん》の光緒帝《こうしょてい》が康南海《こうなんかい》（康有為《ゆうい》）とともに支那の弊政《へいせい》（悪政）の革新を図られた当時には、「変法自彊《へんぽうじきょう》」という文字を掲《かか》げて標榜《ひょうぼう》された。

天行が健《すこ》やかである（天地がとどこおりなく流れている）ように、心を操《と》ることは簡易であり真率《しんそつ》（飾り気がない）であっても、金剛不壊《こんごうふえ》（堅固《けんご》）の信念をもって前進しつづけることこそ、実に大和《やまと》民族の性質である。

質実を尚ぶという精神は、強《きょう》を尚ぶ精神となって現われてくる。人が重んじるものは、第一に生命である。それには、身体を強くしなくてはならない。

が、世が複雑になってくると、人が弱くなる。今日の語でいうと、健康を損してくる。疾病者《しっぺいしゃ》が多く、それにより死亡率も増してくる。徴兵検査の合格者の率も年々減じる。それは、筋肉が薄弱なもの、そうでなければ、花柳病《かりゅうびょう》（性病）者というようなものが多いからである。

こういったものは、身体上で質実な健康を失ったものだが、質実な健康を失うということは、これを強弱の上から説けば、やがて弱者となっていくものだ。

これは、日本固有の民族性と全然違う。日本固有の民族性は尚武《しょうぶ》にある。尚武の気風は質実であり、「偽らざる誠」の上に立脚して現われる。

この精神が、実に物質的にも精神的にも、邁往果敢《まいおうかかん》（ひたすら前進し、決断力に富む）の勇気を発揮するのである。進んでみて、種々の難関に触れ、時に蹉跌《さてつ》（失敗）があって過誤《かご》から免《まぬが》れなかったとしても、たちまち大きな克己心《こっきしん》や自制心を喚起《かんき》して、その失敗を回復していくのである。

生存競争の世は、こうでなくてはいけない。すっかり身体を鍛えて百錬《ひゃくれん》の精鉄のようになる。そして、これを用いるには千挫不屈《せんざふくつ》（千回失敗しても屈しない）の精神で臨む。このことを認めて、誰もが言うように、日本は尚武の気風に富むということなのである。

この点が、日本国民の大きな誇りとすべきところであろう。これによって、支那文明を輸入しながら、その文弱《ぶんじゃく》の弊害にこれまで打ち勝ってこられた。

しかしながら、一時的ではあるが、支那文明を入れることにあまりにも急いだため、ことごとにおいて唐制《とうせい》（唐の制度）を模倣するようになり、その結果、新しい文明が燦爛《さんらん》とした光を現わしたことがあった。これが、平安朝の文明である。

けれどもこれは、外交的文明であった。輸入的、御雇《おやと》い的ともいえる文明だった。わが国民性には、なんら触れるところがなく、一時の流行として迎え入れられた虚偽の文明であったが、それが実際に、わが国の政治に大きな害を醸《かも》したのである。

その二十一　平安朝の模擬的文明

平安朝の文明は、当時の支那《しな》を縮写《しゆくしや》したものであった。唐朝時代の文明を縮めて写しただけで、少しも変わらないものであった。

『源氏物語《げんじものがたり》』『栄華物語《えいがものがたり》』『伊勢物語《いせものがたり》』、あるいは清少納言《せいしようなごん》が書いた『枕草子《まくらのそうし》』のようなものを見ても、かの時代の日本がどれほど堕落していたかが明らかに現われている。

つまり、それらに書かれている藤原《ふじわら》氏の栄華のありさまと、歴史の表面に見える政治のありさまとを照らし合わせてみればよい。むやみに世に阿《おもね》る学者、短見無識《たんけんむしき》（浅い見解と低い意識）の学者どもが、文字の上にそのときの文明をいかに粉飾しようとつとめていたかがわかるだろう。

彼らは、支那人がのちになって理想化した聖代《せいだい》である周代《しゅうだい》、その中でも一番よい治世で、国民もその恩沢《おんたく》を受けたという成王《せいおう》や康王《こうおう》とか、あるいは、漢《かん》の文帝《ぶんてい》（紀元前二〇三―紀元前一五七）や景帝《けいてい》（紀元前一八八―紀元前一四一）などというものと対比させて、わが延喜《えんぎ》（九〇一―九二三）・天暦《てんりゃく》（九四七―九五七）の御代《みよ》を説いているのだ。

なるほど形の上では、（当時の天皇が）寒い夜に御衣《ぎょい》を脱いで民の疾苦《しっく》をお察しになったとか、紫宸殿《ししんでん》（内裏《だいり》の中心）にいらしてひとりの老吏《ろうり》に政《まつりごと》の是非を問われたとか、いずれも人を感激させるものがあるだろう。

しかしながら、こういったものは歴史家が文飾《ぶんしょく》したのにすぎないのである。実際に、そのころから王朝（天皇の治世）は衰えはじめて、藤原氏の栄華が始まり、道真《みちざね》（菅原《すがわらの》道真）のような忠直《ちゅうちょく》（忠義と正直）の人が斥《しりぞ》けられ、文学が盛んになって、淫靡《いんび》（節度がない）の風が日に日に加わると、その一面では盗賊が横行しているのだ。

三善清行《みよしのきよつら》（八四七－九一八）の「封事《ふうじ》（意見書）」を見れば、一目瞭然《いちもくりょうぜん》である。地方では豪族が割拠して、中央の威令《いれい》（権威をともなった命令）は行なわれず、日本の統一は破壊されつつあった。三善清行は当時にあって早くから、武士の勃興《ぼっこう》を看破《かんぱ》していたのだった。

それにもかかわらず、一面から見れば、世は非常の太平《たいへい》である。紫宸殿には聖賢《せいけん》の障子《しょうじ》があり、「精《せい》を励《はげ》まし治《ち》を求《もと》む（世の平安を求めて精励する）」という。いかにも立派だった。

時の宰相《さいしょう》は、菅公《かんこう》（菅原道真）の敵役《かたきやく》の藤原時平《ふじわらのときひら》（八七一－九〇九）である。これが青年才子《さいし》であった。今日でいうところのハイカラで、詩を賦《ふ》し、歌を詠《よ》み、文を作る。そして、家は藤原の名門である。このような宰相の下で、人々は太平の世を夢み、神魂《しんこん》（精神）が恍惚《こうこつ》としている間に、京都の外では権力がしだいに下って地方の名族に移り、国民は苛《か》政《せい》に苦しんで、しだいに乱を思う。

こうしているうちに天慶《てんぎょう》の変《へん》が起こり、平将門《たいらのまさかど》（生年不明－九四〇）が下総《しもうさ》（千葉県北部）の猿島《さしま》を拠点にして関東を攻略すると、一方で藤原純友《ふじわらのすみとも》（生年不明－九四一）が海賊を率い、道に待ち伏せして関西から来る租税を掠奪《りゃくだつ》する。東西が呼応して大事に及ぼうとしたのである。

幸いにして剿討《そうとう》（掃討）がその功を遂《と》げたが、当時の史家が何を書いたかを見ると、「京《けい》師《し》（みやこ）には盗《ぬすつと》が多い」とだけある。もはや、このようなわけにはいかない。虚文《きよぶん》（むなしい文章）によって、ここまでのものを彌縫《びぼう》（一時しのぎ）しつくすことはできない。

元来、平安京それじたいが唐制の模倣の極端に陥《おちい》ったものである。大内裏《だいだいり》と称《たた》えられた大極殿《だいごくでん》のような宏壮《こうそう》な建物がたくさんでき、まったく全盛というべきものだったが、それは唐の長安《ちようあん》の都の図面を持ってきて、少しばかり縮小して作ったものだ。叡山《えいざん》の寺（比叡山延暦寺《えんりやくじ》）の置き場所（鬼門《きもん》の位置）までも、そのまま真似《まね》ている。長安の東北にも空海《くうかい》（七七四―八三五）などが学問をした青龍寺《せいりゆうじ》がある。延暦寺はそれを真似たものだった。

都の中央には、南北に通じる一本の朱雀大路《すざくおおじ》があり、これを中心にして左京と右京に分かれている。この点が、長安とは少し違う。その左右京は、横に一条から九条《くじよう》までの大路を画《かく》し、一条には四坊があり、一坊には四条があり、一条に十六町がある。

宮城は、北は一条から南は二条にわたり、東は東大宮から西は西大宮にわたって、四方に十二門が設けられている。その中には、宮《きゆう》、省《しよう》、院《いん》、司《つかさ》と、ことごとく唐制を模倣したものが備わっている。

左右京には、左京ノ大夫《だいぶ》、右京ノ大夫を置き、また市正《いちのかみ》を置いた。前者は徳川時代の京都所司代《しょしだい》、後者は町奉行に当たるだろう。

朱雀大路の九条の端に羅生門《らしょうもん》を設けたが、これが京都の入口であって、この通り筋に鴻臚館《こうろかん》を置いた。これは外国使臣《ししん》を応対する場所である。

唐代には、とくに疆 城《きょうじょう》（領土）がたいへん広いうえに、支那は古来外交の盛んな国であり、自国と交通のある国をすべて藩属国《はんぞくこく》と見なし、その諸国の使臣をみな鴻臚館に引き受けたのだから、大規模な建築物が必要であった。当時の支那の鴻臚館には、西は大食国《たーじーこく》（ペルシャ）から、北は突厥《とっけつ》、南は交趾《こうち》支那（ベトナム）、東は朝鮮をも含んでいるために、それらの全人口は一億を超えていたであろう。

長安はそのような大国の中心であったから、その規模が大きいのも当然であるが、日本はそれとは事情が異なる。境土（領土）は小であるうえ、人口もわずかに一千万にすぎないくらいであったから、それが長安の制度を移して九 条 九 陌《きゅうじょうきゅうはく》（大路のある都市）を設けてどうしようというのか。

はたして付近の民に新都の移住を奨励し、無税地としたにもかかわらず、奈良の旧都をそのまま全部移したのだから、七、八条まではとにかく塞《ふさ》がったけれども、九条にはさっぱり人の住み手がなく、羅生門には鬼が出て、その腕を渡辺綱《わたなべのつな》（九五三－一〇二五）という豪傑が切りとったという話さえ残っている。鬼というが、それはもちろん盗賊のことであろう。

こういう有様では何ともしょうがない。そこで、せっかく造営した鴻臚館も、延暦の末に東寺《とうじ》を置いたときには、その境内に囲いこまれてしまったのであろう。それが今もある東寺である。

新都には「六衛《ろくえい》（六衛府）」が置かれた。つまり、天子の御親衛には「左右近衛府《このえふ》」があり、それに各々、大将、中将、少将があった。右大将源頼朝《うたいしようみなもとのよりとも》などというが、その右大将とは右近衛大将をいったものである。公卿《くぎよう》以上の家の随兵には「左右兵衛府《ひようえふ》」があり、外向の巡邏《じゆんら》（見回り）には「左右衛門府《えもんふ》」があった。

また、光仁帝《こうにんてい》（七〇九－七八一）のころからすでに検非違使庁《けびいしちよう》を置き、その別当《べつとう》が衛門府を兼務し、京城すべての警察追捕《ついぶ》などの事に当たっていた。それは、たんに京都のみならず、さらに諸国へと衛門少尉を派遣して、等しく地方の警察追捕の事に当たらせていた。これがいわゆる諸国の判官《ほうがん》（じょう）というものである。

制度はこのようなものであったにもかかわらず、とても京都の取締が十分に行き届かない。そこで、将門と純友の乱後には、京都の家々は諸国から武勇の士を募り、武者所《むしゃどころ》、侍所《さむらいどころ》を設けてみずから警戒するようになった。

すると天暦のころよりだろうか、叡山や興福寺《こうふくじ》といった大寺もそれに倣《なら》い、僧兵を蓄えてみずからを護《まも》った。これを衆徒《しゅうと》と称したが、僧兵の初めである。この僧兵が武士としばしば衝突し、京都の近郊で戦うまでになり、その勢いがますます増長したので、源平の両家に兵権《へいけん》（軍の指揮権）を託して征圧させたのである。

そのため叡山は神輿《しんよ》（みこし）、興福寺は神木《しんぼく》を奉《ほう》じてきて、たがいに抗拒《こうきょ》（抵抗し拒否する）して、武家と僧徒の争いはいよいよ勢いを加えていった。

栄華に耽《ふけ》る公卿どもは、しだいにこの騒ぎに脅迫されることが多くなった。しかし、このようなあいだにも、彼らの迷夢《めいむ》は容易に覚めることはなく、相変わらず詩歌《しいか》管弦《かんげん》に浮身《うきみ》を窶《やつ》した。

そして貴族的文学が大いに進んで、一方でそれが宗教と結びついたところから、宗教的芸術も大いに進んだ。これを平安朝の文明と称しているのである。

つまりは、まったくの支那的文明であった。これがさらに一歩極度に進むと、そのまま支那となる。この支那では、悪政の下に必ず盗賊が起こり、その盗賊が成功すると、すぐにみずから王と称して、前朝を覆滅《ふくめつ》（完全に滅ぼす）する。

そこに行くと、日本は支那とはまったく趣《おもむき》を異《こと》にしている。いかに「周《しゅう》、綱紐《こうちゅう》を解く（王権が権力を失う）」といっても、（日本の場合、）帝室（皇室）は依然として存在する。民族性の根底にはどこか堅実なところがある。質実なところがある。

平安朝の堕落は、ひとつに藤原氏の栄華によるものだった。彼らは支那文明を入れたが、その結果、非常に尊大になった。そして、その尊大さを示すために、装飾的に文学と宗教をとりいれて、ともに盛大なものとした。

これに反抗して起こったものが、保元《ほうげん》・平治《へいじ》の乱である。天子《てんし》もとうとう公卿政治では駄目だという見極めをおつけになったのだ。しかし、支那文明の感化からまったく脱却できない。

とはいえ、日本固有の「強を尚ぶ《きょうたっと》」という気風が存在していたため、ここに公卿と武家の妥協政治が行なわれるようになった。

けれども、事は志《こころざし》に副《そ》わず（現実は意志どおりにならず）、ひとたび公卿とともに政治を執《と》ると、武勇の兵士がたちまち公卿《くぎょう》と化した。つまりは歯を染め、黛《まゆずみ》を入れる（眉《まゆ》を墨で描いた）平家の公達《きんだち》となり果てて、ついには『平家物語』として音曲《おんぎょく》にまで歌われた。盛者必衰《じょうしゃひっすい》の理《ことわり》を説くという一種の悲劇を見るにいたったのである。平家の政治は、やはり支那化した公卿の政治であった。

その二十二　文明の過渡期には暗礁《あんしょう》がある

この公卿と武家の折衷政治の弊害を看《み》てとり、その世に補《たすけ》はないと認めたのが源頼朝《みなもとのよりとも》（一一四七―一一九九）であった。頼朝は、武人かつ政治家として非常な天才を現わした人だが、彼は日本国民性に存するものを測り、質実な政策をとった。つまり強《きょう》をとった。

こうして、従来の弊風《へいふう》（悪習）を刷新して封建制とし、日本はここに復活した。これが長く日本の制度となり、近いところで徳川《とくがわ》氏の世まで及ぶ。徳川氏もまた、漢学を入れ、漢学者を重んじたけれども、あえて彼らを政治に参与させようとはしなかった。

なかには、とくに漢学を好んだ将軍もあったが、徳川二百五十年の政治でもっぱら儒者に任じたということはなかった。わずかに数えれば、六代将軍のときに新井白石《あらいはくせき》（一六五七―一七二五）が少し用いられたくらいであろうか。

まず漢学者は装飾的に置かれたくらいのもので、ほぼ坊主と同じような待遇であった。坊主にも悪いところはあるが、善《よ》いところもあった。ややもすると、日本人も支那人のように往々にして懐疑に陥《おちい》る。懐疑に陥ると、世を厭《いと》うようになる。すると坊主が必要になってくる。近来も禅などが流行だというのが、それである。

しかし、禅などというものは結局のところ、意思の弱いものが苦し紛《まぎ》れに、これでみずからを慰《なぐさ》めるためのものである。ああいう徒《ともがら》を隠君子《いんくんし》（俗世を離れて暮らす有徳の人）などと称して尊《たっと》ぶ風潮があるが、こういったものは堕落の基《もと》である。

人類は相依《あいよ》って（たがいに助けあって）社会をなす。われわれはどこまでも、社会的生活を愛して進まなければならないのに、隠君子の徒というのは、この社会共同の奮闘《ふんとう》努力の基礎を失って、銘々《めいめい》が単独となったまま、おわってしまうのである。これでは、どうやって国家を維持し、国運を隆昌《りゅうしょう》させることができようか。

が、ただ日本だけのことではなく、このような風潮は西洋にもある。人間が生活に疲れると、とにかくこの弊害に陥る弱点がある。こんな女々しいことではいけない。われわれはどこまでも奮闘しなくてはならない。斃《たお》れて後已《のちや》む（死ぬまで前進努力しつづける）のである。艱難《かんなん》（困難に対する苦悩）に逢えば、むしろ強烈な対抗心が出てこなければならない。

日本はいっとき支那文明の模倣を急にしたため、百の弊害を生じたが、幸いにその堅実な国民性が根底まで破壊されることはなかった。そして、頼朝をはじめ家康《いえやす》に至るまで、この国民性を看てとることを誤らず、よく質実な政治を行なって国民を率いた。これが徳川氏の将軍政治が二百五十年の長寿を保った理由だった。

このように日本は新たな外来の文明を待ったのであった。そして、待っていることができているゆえ、それに触れるや否や、たちまち固有の強い性質が起こる。その偽らざる誠《まこと》の精神が、ひとたび物に触れると、それに反抗する強烈な力が起こる。

初めのあいだは、ややもすると惰眠《だみん》を貪《むさぼ》るようであるけれども、物が来てそれを刺激するや突然と醒《さ》めて、すぐに敏活《びんかつ》に反応する。漢学が日本に入ってきて千五百年間、わが文明の上に作用した有様が、実によくこのことを証拠立てているのである。

新文明が入ってくるなり、その模倣を急とする時代には、往々にして思想の動揺を来《きた》し、ややもすると国家を危《あや》うくしようとすることがあるが、それは過渡期のいっときの現象でしかない。まもなく在来の文明に同化し、調節し、よく中庸《ちゅうよう》を得て誤ることなく、思想の動揺はこのとき鎮静される。

元来、日本には弑逆《しいぎゃく》（国王殺し）の歴史がない。例外として実に崇峻帝《すしゅんてい》（生年不明―五九二）の場合に見られるだけである。

この弑逆を誰がしたかといえば、東《あずま》ノ漢駒《あやこま》（ヤマトノアヤノコマ）という帰化人の後裔《こうえい》であった。新文明輸入の必要から外人が尊重され、阿知使主《あちのおみ》の後裔が漢《あや》の姓を賜って代々重用されてきている。蘇我《そが》家は、大蔵《おおくら》、内蔵《うちつくら》、斎蔵《いみくら》の三蔵《みつのくら》の検校《けんぎょう》（管理責任者）を掌《つかさど》った家柄であるが、駒（東漢駒）はその蘇我家の重臣であって、実際には彼が三蔵のことをとりあつかっていたのである。

彼の悪事が露見して馬子《うまこ》（蘇我馬子、生年不明－六二六）から詰責《きつせき》（問いつめ）にあうと、「われはただ大臣《おおおみ》（馬子）を知りて、いまだ天子の尊きを知らず（大臣のことばかりを気にかけていたので、天皇が尊いのかどうかも知りませんでした）」といったという。

過渡期においてはこのようなものまで重用し、驕慢《きようまん》に陥らせた結果、こうした大逆《たいぎやく》の罪を犯させることとなった。しかしながら、この匪行《ひこう》の反動は広がって蘇我氏に対する国民の怨恨を深くし、ついに中臣鎌足《なかとみのかまたり》（六一四－六六九）らが中大兄皇子《なかのおおえのみこ》（天智《てんじ》天皇、六二六－六七二）を助けて一大粛清が行なわれることとなった。

ついで奈良朝に入っても、入唐僧玄昉《につとうそうげんぼう》（生年不明－七四六）のようなものが寵用《ちようよう》され、内道場《ないどうじよう》（宮中にある仏教施設）に入って威福《いふく》を恣《ほしいまま》にする（アメとムチで人心を支配する）と、藤原広嗣《ふじわらのひろつぐ》（生年不明－七四〇）は大宰少弐《だざいのしように》に任じられ、遥か遠く筑紫《つくし》におりながら、上表《じようひよう》（天皇に文書を送る）して政治の得失を論じた。

広嗣は、玄昉と吉備真備《きびのまきび》（六九五－七七五）をとり除こうと求めたが、顧《かえり》みられなかった。そこで、あえて君側の姦《かん》を除くといって筑紫で兵を挙げ、征討軍と戦って敗れたが、なお屈することなく、しばらく朝鮮に難を避けて捲土重来《けんどちようらい》を図ろうとした。そして、松《まつ》浦潟《らがた》から船を出したが、不幸にして風浪のために引き返し、征討軍の手に獲《と》られて斬殺された。

けれども、正義の怨霊は空しく消散しようとはしない。広嗣は死後にも、しばしば災異《さいい》を起こしたために、玄昉はやむなく数年後に筑紫に配流《はいる》された。

配所《はいしよ》にあった玄昉がある日、観音寺《かんのんじ》の戒壇院《かいだんいん》に臨み、開眼《かいげん》の式を上げようとしたところ、天がにわかに掻《か》き曇《くも》り、乾坤《けんこん》（天地）たちまち晦冥《かいめい》（真っ暗）となると同時に、霹靂一声《へきれきいっせい》（とつぜん雷鳴がとどろき）地に堕《お》ちて、玄昉の首級《しゆきゆう》はただちに迅雷《じんらい》（はげしい雷鳴）の奪い去るところとなったという。

今にその跡を偲《しの》べるものとして、戒壇院の背後に小《ささ》やかな玄昉の碑がある。これはいうまでもなく、広嗣の怨霊のなせるところだというので、のちには唐津《からつ》に社殿を建立して、ここに広嗣を祀《まつ》った。それが松浦《まつら》神社と称する大社（いまの鏡《かがみ》神社）である。

さらに、僧道鏡《どうきよう》（生年不明―七七二）というものが現われた。彼は備前《びぜん》（岡山県東南部）あたりの生まれで、法相《ほつそう》（法相宗）を学び、葛城山《かつらぎさん》に上って如意輪法《によいりんほう》、宿曜法《しゆくようほう》といったような秘法を修め、これを用いて効験《こうけん》があったとかいうことで、玄昉と同じように内道場に入って、孝謙帝《こうけんてい》（七一八―七七〇）の寵遇《ちょうぐう》を一身に集めた。

さらに、太政大臣禅師《だいじょうだいじんぜんじ》と称し、ついで法王の地位まで授けられて、その威権《いけん》が朝廷を傾けたけれど、それでも足りようとせず、ついに天位《てんい》（天皇位）を覬覦《きゆ》（不相応なもくろみを願う）した。

このとき、和気清麿《わけのきよまろ》（七三三―七九九）というものが現われ、清節《せいせつ》（けがれのない節操）を持《じ》したまま屈することがなかった。宇佐八幡《うさはちまん》に使いをして、「天日嗣《あまつひつぎ》（皇位の継承）は必ず、皇胤《こういん》をもって継がせよ。無道《むどう》の人はすべて掃蕩《そうとう》（とりのぞく）せよ」との神語《しんご》を受けて帰った。そのため、道鏡の激怒を買い、別部穢麿《わけべのけがれまろ》と改名させられ、大隅《おおすみ》（鹿児島県東部）に流されてしまう。

しかし、日月《にちげつ》の蝕《しょく》のように（太陽はいったん日蝕となっても、すぐに姿を現わすように）、正義が長く掩《おお》われることはない。いくらもなく、道鏡は下野《しもつけ》（栃木県）に貶謫《へんたく》（官位を下げて流罪とする）され、清麿は京師《けいし》（みやこ）に召還《しょうかん》された。

その後、平安朝に入っても、藤原氏が外戚《がいせき》の権《けん》を恣にして、ますます尊大な態度をふるまった。あの謹厚《きんこう》で忠誠な菅原道真《すがわらのみちざね》が、その忌《い》むところとなり、彼は冤名《えんめい》を蒙《こうむ》って（根拠なく中傷され）、大宰権帥《だざいのごんのそち》に左遷され、遠く筑紫の配所で月を見て人生を終わるという、悲惨な運命に遭遇したのである。

しかし、国民の正邪《せいじゃ》を見る眼は、こんなことでは昏《くら》まない。道真の霊がその後に長く祟《たた》りをなしたといわれ、まもなく藤原時平《ときひら》と、その一党の藤原菅根《すがね》（八五六―九〇八）らが前後相継いで病没すると、皆は道真の怨霊によるものと称した。

そのうえ、醍醐帝《だいごてい》（八八五―九三〇）の皇太子保明親王《やすあきらしんのう》（九〇三―九二三）がにわかに御《ご》薨去《こうきょ》なさったことにも同じような噂が立ったために、帝《みかど》も大いにお悔やみになり、延長《えんちょう》元年（九二三）に道真の官を復し、正二位《しょうにい》を贈り、その左遷に関する宣旨《せんじ》、これに関係のある外記《げき》の文書一切を焼却させた。

われは先年、九州に遊び、大宰府（太宰府）の天満宮に至った。そこで請《こ》われて広前で一場《いちじょう》の講演を行なったのであるが、この道真の怨霊のことに論及したのである。

もっとも世に怨霊などあるはずもない。しかし、当時盛んにこれを流説《るせつ》したのも、国民の正邪の判断が決するところで、藤原氏による行ないを絶対に非であると信じたから、天《てん》変地異人妖《ぺんちいじんよう》があるごとに、必ず菅公《かんこう》の霊に仮託《かたく》して藤原氏を誹《そし》り、これを戒《いまし》めたのである。平たくいえば、当時の坊主と神主と学者とが連合して、藤原氏に対する一種のデモンストレーションをしたものと語ったが、まさにそのとおりだと思う。

わが国民性においては、いかなる場合にも、元気の質実というべきものが厳《おごそ》かに存在しており、それが事あるごとに、さまざまな形式のもとに現われ、弊害を矯正せずにはいられないのである。

であるから、時平の墓は今どこにあるというのだろうか。ほとんど誰もその所在を知らないのに、ただ菅公の霊は、天満天神と称して神に祭られ、文芸の神として日本全国に分霊され、尊崇《そんすう》されている。

また、前に述べたように広嗣なども同様で、玄昉の小さやかな墓には人跡《じんせき》を没している（人が寄りつかない）にもかかわらず、松浦の大社は世に著聞《ちょぶん》して春秋の祭祀を受けている。このように天の賞罰は、千載《せんざい》（千年）のあとにも、おのずから明らかなものがある。

新しい文明が入ってきて、在来のわが文明と調和しようと欲しながら、いまだまったく調和しない間には、往々にして思想界の動揺を来《きた》し、ややもすれば奇禍《きか》（思いがけない災難）を醸《かも》そうとするのである。

これはあたかも、明治大帝《めいじたいてい》（一八五二―一九一二）の御末年に、わが国民がいっときの好奇心に誘われ、さまざまな海外の思想が流れ入るのに対し、正邪を問わず、これを不醇《ふじゅん》（不純）な頭脳に迎え、十分に理非を甄別《けんべつ》する（理に合うかどうかを見極める）ことができず、半消化のまま実現しようとして、ついにあの狂妄《きょうぼう》（反道徳的）な幸徳《こうとく》事件（幸徳秋水《しゅうすい》、一八七一―一九一一）の発生を見たことが、これを証している。

とはいえ、それが甚《はなは》だしいものとならずに、とかくするうちの新来の思想と在来の思想とがたがいに鎔化《ようか》（融合）しあい、ここに旧文明がひときわの精錬を経て、いっそうの光輝《こうき》を放ち、新文明を現出するのである。これは、わが三千年の歴史を貫く特出《とくしゅつ》した現象であって、また、わが国民性が宇内《うだい》（世界）で希有《けう》なところであろう。

その二十三　支那はどうして日本から学ぶことができないのか

日本と支那とは、国民の血が大きく隔《へだ》たっているわけではない。それで、このことを同《どう》種同文《しゅどうぶん》と称したり、また兄弟の国ともいったりするのであろう。

同文とはいっても、実に日本文学は支那に源を有し、今日では漢文というのも、日本の仮名と漢字を結びつけて読ませてあるので、ほとんど感情の上では和漢の区別は存在していないくらいである。それにもかかわらず、両者の国状にこのような大差があるのは、どうしてであろうか。

日本では、王朝政治の宿弊《しゅくへい》が極まってくると、たちまち鎌倉時代を招いて、これを粛清したが、支那にもこれと似る時代があった。春秋戦国《しゅんじゅうせんごく》時代である。周《しゅう》の衰世《すいせい》（末期）より人心はよりどころを失った。前にも支那人には信仰心がないということを説明したが、それが、この春秋戦国時代に最も大きな苦痛となって現出したのであった。

顔淵《がんえん》（紀元前五二一―紀元前四八三）といって、孔子《こうし》の門人第一の賢人がある。この善人は、「一簞《いったん》の食《し》、一瓢《いっぴょう》の飲《いん》（わずかながらの飲食）」のために陋巷《ろうこう》に窮死《きゅうし》（町なかで貧困死）し、たいへん短命であった。その一方で、盗跖《とうせき》（春秋時代の大盗賊集団の頭）と称し、徒党を率い、つねに剽掠《ひょうりゃく》（おどして強奪）を行なっていたような大悪人が、かえって驕奢《きょうしゃ》な生活を続けて、非常の長寿をまっとうした。

そういう例を見るにつけ、天の賞罰が明らかではないことに憤慨し、天道《てんどう》というものは、はたして是なのか非なのか、と疑うようになった。このため、支那の民心に大きな煩《はん》悶《もん》（悩み苦しみ）が起こり、やがて一大変化を見せるような時運に達したのであった。

つまり、戦国時代の末にはさまざまな思想家が現われ、従来大きな権威を持っていた思想への反抗を試みた。

一方に性善説があり、「仁《じん》義《ぎ》礼《れい》智《ち》の四端《したん》（四つの芽生え）が人心には必ず具《そな》わっている」ことを語り、それで「人の性は善である」と説けば、その反対に性悪説が起こり、「人の本性は悪である。そのため、これを教えるには道をもって行ない、これを治めるには礼をもって行なわなければならない」と説き、そこから刑名学《けいめいがく》が起こることとなった。

また当時は、ギリシャの末路の詭弁派《きべんは》のようなものが起こった。公孫龍子《こうそんりゅうし》（紀元前三世紀ごろ）の堅白異同説《けんぱくいどうせつ》がそれで、「白馬《はくば》は馬ではない。白馬は白と馬である」といった類《たぐい》の弁証法である。このようなものが諸派の間に介在《かいざい》して思想界を混乱させたので、当時のそれは実に混沌《こんとん》を極めたものとなった。

初めは、政治を語るのに、王道と覇道《はどう》を分けて論じていたのが、もはやそのような漠然《ばくぜん》とした説を立てるのみでは、到底天下を統御《とうぎょ》するわけにはいかない。人を治めるには、何としても威厳がなければならない。威厳というのは、すなわち「権《けん》」である。それで、政治を行なうには、為政者の手に権力を収めることが必要となる。法制禁令《ほうせいきんれい》が必要となる。これが、ついに刑名学が起こった理由であった。

しかしながら、これには大反対もあった。民を教えることなく、ただ導こうとしたところで、その民は恥というものを知らない。人心が恥を知らなければ、最後は堕落するしか道はないというのだ。

けれども事実こそ、最後の賢明な判断者である。事実の前には、何者も首《しるし》（印）を挙げることができない。秦《しん》が蹶起《けっき》するや、長いあいだの空想はたちまち一掃された。

秦というのは、今の陝西《せんせい》の東南あたりから起こってきたのだが、これが、「聖人の書を焚《た》き、儒生《じゅせい》を坑《あな》（焚書坑儒《ふんしょこうじゅ》）」にしたのである。そして一方では、牧畜を盛んにし、鉱山の開掘《かいくつ》につとめるようなことをした。

さらに、非常に厳格な法律でこれに臨んだ。すると、盗賊は屏息《へいそく》（息をひそめる）し、今日の馬賊《ばぞく》や匪賊《ひぞく》といった連中は、みな弾圧されてしまった。また、徳川時代の五人組制度のようなものを設け、「保《ほ》」と名づけた。そのなかに罪を犯すものがあれば、一保《いっぽ》がこれに連座する。はなはだしい場合は、一郷《いちごう》全体が責任を負うといったこともある。また、関《せき》所札《しょふだ》を作って通行の取締を厳格にした。

すべてがこのように、法制によって天下を率い、ほんのわずかも、これを犯すことができないようにした。つまり秦は、強《きょう》を尚《たっと》んだ。その結果、秦の民はたいへん強くなった。

当時の史家はこのことを評し、「秦は、公戦《こうせん》に勇《ゆう》にして、私闘《しとう》に怯《つたな》し（臆病だ）」と記した。これはどういうことかというと、平時に喧嘩をすることは、国法で厳禁されているからできないのである。勇であろうと私闘をすることができない。その代わりに、いったん緩急《かんきゅう》（差しせまった事態）があって公戦に臨むなら、万夫不当《ばんぷふとう》（無数でも相手にならないほど強い）の猛勇を振るう。これが、秦がよく天下を統一した理由である。

この評は、秦の孝公《こうこう》（紀元前三八一―紀元前三三八）の時代に下されたものである。この孝公より六代目の君主が、始皇《しこう》（始皇帝）である。賈誼《かぎ》（紀元前二〇〇―紀元前一六八）の『過秦論《かしんろん》』には、始皇を「六世の余烈《よれつ》（先人がのこした功績）を振るい」と評しているが、このことをいっているのである。

始皇は、六国を併呑《へいどん》し、六馬《ろくば》に御《ぎょ》して天下を横行した（六頭立ての馬車をあやつるほど難しい天下を自由にわたった）。このころまでの秦は実に強かった。これにより、始皇は、あえてこれこそが百世《ひゃくせい》の法であるとし、「朕《われ》をもって一世となし、二世、三世と至り、数えて万々世に至らせるべき」といった。

しかし、憐《あわ》れむべきことに、彼が亡くなったとき、その墓木《ぼぼく》（墓の上に植えられた木）はいまだ大きくはなっていなかった（予期せず早く亡くなった）。驪山《りざん》の麓《ふもと》に山陵を営《いとな》み、大規模な土木工事を起こしていたが、そのさなかに、あの陳勝《ちんしょう》（生年不明―紀元前二〇九）と呉広《ごこう》（生年不明―紀元前二〇九）の兵が起《た》ったのである。

漢《かん》の高祖《こうそ》（生年不明―紀元前一九五）も村長みたいな立場の人で、当時は人足《にんそく》の監督として驪山の工事に赴《おもむ》いていた。ところが、この風雲の動きを見るや、自身もなんらかの奇策を講じなければならないと思い、人足たちを率いて猛然と起ったのである。そして、その手によって秦は亡ぼされた。

法治国家の端を啓《ひら》いた秦の帝業《ていぎょう》（皇帝の統治）も、このように脆《もろ》くも道なかばで挫敗《ざはい》（挫折し失敗）することとなる。こうして支那の政治は、進歩どころか、かえって大きく退歩した。その後にも、われわれから見れば、乗じるべき革命の機会は幾度もあったにもかかわらず、これをあえて行なうものはなかった。

要するに、支那の国民性は弱いのである。日本のように「強」を尚ばず、ただ「文」のみを尚んだ。文質彬々《ぶんしつひんぴん》（外見と内面の調和）というのも文字の上に残っているだけで、実際に彼らは、「文」に偏《かたよ》って「質」を尚ぶことはない。

これではいけない。「質」を根底に保たなくてはいけない。ただし、「質」といってみただけでは、なお、われわれの感情を呼ぶのに十分ではないところがある。それで、われわれはさらに「強」という字を捻出《ねんしゅつ》し、これまでやってきたのである。

「強」というのは、さまざまな徳の根底に潜在している肝腎《かんじん》のものである。改過遷善《かいかせんぜん》（過《あやま》ちを改め、善に遷《うつ》す）とはいうが、言葉では容易なように見えて、実はたいへん難しいものである。非常な自制心、克己心《こっきしん》を要する。

この自制心と克己心は、われわれのいうところの「強」である。単に自制心、克己心といっただけでは、まだわれわれが言い表わそうとする情を尽くしていまい。これを「強」といって、初めて完全に表現できる。この「強」を尚ぶ精神が、わが有史以来の国民性を貫いて流れ、今日に及んでいるものなのである。

その二十四　支那流の虚栄に学んではいけない

日本と支那の国民性には、このような相違があるといっても、もとは同じ祖先の血を分けたからには、支那も日本のようにならないわけはないはずである。しかしながら、このようになったのも、まったくもって境遇と遺伝によるのである。幾千百年の長い境遇と、その遺伝の結果が、両者に今日見るような、天と淵ほどの、ただならない相違を示すこととなったのだ。進化の理法は、平凡なようで、実に争うことのできないものといえる。とはいえ、境遇と遺伝によってこうなったのであれば、また、境遇と遺伝によってこれを矯正することもできるはずである。

人類そのものに生存の欲望は固有のものである。それが生活の上に現われて競争となる。この競争は、人類が相集《あいつど》って、たがいに社会をなし国家をなす以上は、免《まぬが》れることのできない現象である。

支那がこのことを自覚すれば、日本と同様になれないことはない。日本と同様になろうとするなら、古い歴史を繙《ひもと》く必要はない。たかだか日本が半世紀間になしてきたところさえ学べば足るのである。

しかし、今日の支那の有様はどうであろうか、依然、形式にこだわり、虚飾を事としており、そのため進んで親しむべきものにも親しまず、このたびの日支条約の交渉においても、しつこくわれと争おうとしたのは、どうしてであろうか。

わが要求は、少しばかりも侵略的動機を含んでおらず、ただ自衛上のため、東洋の平和を維持するうえで、われわれが得るべき当然の権利を要求したにすぎない。これによって、両国の平和を保つことができる。にもかかわらず彼らが、われわれの真意を諒《りょう》とし（もっともなことだと受けいれ）、世界の大局に着眼して、自らを固く安定させるための策をとらないは、どうしてなのか。

また、満蒙《まんもう》問題というが、これも大したことではない。ただ日本と支那の両国民が、ともに働くというだけのことである。

こうすれば、両国がたがいに失うところがないばかりか、かえって支那が利益を得るところが多いのではなかろうか。そして、日本と支那の両国民の経済関係が密接になり、ひいては両国民の親善も加わるのである。その他の条文もすべて、同種同文の日本と支那の両国が、それによって唇歯輔車《しんしほしゃ》の関係をまっとうし、その情誼《じょうぎ》（真心や誠意のこもった交際）を深く厚くさせるためのものである。

しかし、これを察することなく、むやみに末端の形式にこだわり、偲々《しし》の議を労し（相手の考えがどこにあるかを不必要なところまで気にやんで）、嫉妬や猜忌《さいき》（ねたんで嫌うこと）の思いを強くしたために、戒心《かいしん》（用心）すべき世界の大勢《たいせい》がどこにあって、また、それが背後でどのように動きつつあるかを知らないのである。

とはいえ、この弊害は、ただ支那人だけを責めるべきものではない。日本国民にもその反省を求めなくてはならない。日本は古くより支那の思想を受けてきた結果、やはり往々にして同様の弊害に陥《おちい》る傾向がある。

もちろん、われわれが感化《かんか》（影響）されてきた古代支那の思想には、雄大なものがあった。哲学には、西洋のそれ以上に幽玄なものもあるし、ここから進歩した今日の思想よりも勝《すぐ》れた点がないわけではない。

しかしその思想も、支那本国では、その後の大きな感化は見られなかった。ただ、その弊害に陥るのを見てきた。つまり、自尊心や尊大な心を強くするあまり、そこに堅固《けんご》な信念を欠いてしまい、一種の迷信のようになった。そのため、自尊心や尊大な心も、愚に帰してしまった。

このようなわけで、「質」はなく、ただ形だけがある。武強《ぶきょう》はなく、ただ文弱《ぶんじゃく》のみがある。文学そのものは芸術的なものであるのに、それが実際の政治の上に現われ、さらに、社会、道徳、宗教など、すべての方面に蔓延し、一般の思想を堕落へと導いた。それだけでなく、本来の芸術的方面の発達においても、邪蹊《じゃけい》（純粋さのない、よこしまな道）に陥って、進歩が止まった。

日本も、支那とはあまりに距離が近いために、ともすれば同様の誤りに陥らないとはいえないのである。そのおそれが近来、新聞にも、雑誌にも現われている。また、一般の演説にも、議会の弁論にも現われるようになったのである。

自大《じだい》（自分自身を偉いものとし、不当に尊大にかまえる）をあえて賢《けん》であるとし、浮華《ふか》（表面だけ華やか）をあえて重いとしたことは、前世紀ごろまでよく現われた現象だった。日本でさえ、幾度もこの経験に苦しめられてきたのである。それから免《まぬが》れてようやく今日に至っているのだけれども、なお、ともすればその憂《うれ》いがある。

そして、政府が外交などで何かひとつの働きを示すと、彼らは浅薄《せんぱく》な思慮によって、すぐにこれを妄議《もうぎ》（でたらめな議論）することを憚《はばか》らず、そのたびにわが国の思想界が撹乱《かくらん》される傾向がある。

今日は、まだそれほど恐るべき程度には達しておらないが、このまま止《や》まなければ、わが国もついには歩を誤ることがあるであろう。支那流の自尊心、そして虚栄心は、あくまで反省し、大いに戒《いまし》め慎《つつし》まなくてはならない。つねに時代の精神を鑑《かんが》みて、旧《ふる》い思想を変化させ、清新《せいしん》であるうえに清新を重ねるよう勉めなくてはならない。

われわれ日本人はこれまで、このことをよく勉めて今日に至ったのである。一日たりとも、この心的態度を改めるべきでない。日々新たにする工夫を片時《かたとき》たりとも忘れたなら、必ず国を誤るであろう。

その二十五　福沢翁《ふくざわおう》の心事《しんじ》をわが心事としなさい

この点が、われが先日、三田《みた》の慶應《けいおう》（義塾《ぎじゅく》）大学に招かれて講演した精神であった。われわれが当日に語ったのには、今日の慶應大学は、はたして福沢翁《ふくざわおう》（福沢諭吉《ゆきち》、一八三四―一九〇一）の志《こころざし》に沿っているのかどうか。そのことを疑問として提出したのである。

福沢翁は、王政維新（明治維新）の際に思想界に立って、旧態の所有物を破壊した。破壊には、建設の目的がある。この目的があって初めて、その破壊に意味があり、価値があり、権威があるのである。破《やぶ》れ家《や》は破壊しなくてはならないが、これを破壊したのちには、新たに建設するという目的が潜《ひそ》んでいる。この学校の校堂《こうどう》（講堂）が旧《ふる》くなったからというので破壊し、この場所に新講堂を建てられたのもそれである。

福沢翁の一生は、そういった旧物を破壊することに心力を集められた。つまり、わが国の歴史に長い関係を有してきた支那思想と、それと結合した封建思想、いわゆる形式的虚偽の思想の破壊に心力を集められた。

が、これを建設するには、とても自己の一代ではできない。多くの人物がその志を継《つ》いで、幾代も経てこれを完成させなくてはならない。そう考えたために、この大学の前身である慶應義塾《けいおうぎじゅく》を建て、人才の養成に勉めようとされた。福沢翁はもはや故人となられたが、ここで学んだものはたいへん多い。卒業生は何千人、在学生も何千人とあるであろう。

それがはたして、福沢翁の遺志をしっかりと継いで、翁の目指した旧物の破壊と新物の建設に勉めているのかどうか。われはこの点について、疑義がある。あるいは恐れているのだ、福沢翁の精神がなくなってしまうのではないかと。

旧い家は破れているのに、そうはいっても別に住めるような新しい家もない。仕方がないから旧い破れ家の修覆《しゅうふく》をして、当分そこに住もうなどという。そのような姑息《こそく》な考えのものがいないだろうかと。

そうでなければ幸いなのであるが、どうも存命中の福沢翁のような、熱烈な信念のもとに働くものが、ここの学徒には少ないようであると。

福沢翁は、われの先輩であったけれども、親しい友人であった。そして、われがたいへん敬重した畏友でもあった。翁の眼は、一世（その時代）を達観し、志を世界の大局の上に立てて、確乎不抜《かっこふばつ》（意志が動じない）の強い信念の上に働いた人であった。いわば質実の権化《ごんげ》のような人であった。

福沢翁は、徳川の末路、国家が紛々乱麻《ふんぷんらんま》（乱れて、もつれていること）となった時代、その冷眼《れいがん》（冷徹な視点）は時運がまさに赴《おもむ》くべきところを観察していた。そして、早くも三田に帷《い》を下し（塾を開き）、書生を集めて洋学を講じた。羽檄《うげき》（急を要する決起の文）が雨のように飛び、剣戟《けんげき》の声や銃砲の響きで耳が聞こえなくなるほどのときとなっても、翁は一本の眉毛さえ動かさなかった。

当時の慷慨《こうがい》（世に怒りなげく）の徒《ともがら》は、そんな福沢翁の態度に憤《いきどお》り、「君《きみ》が辱《はずかし》められたなら、臣《しん》は死ななくてはならない。これが武士道の精神である。それなのに、彼（福沢）は何をしているのか。徳川の禄《ろく》を食《は》む身でありながら、今やその家の滅亡が図られようとするときとなっても、あえて出て犬馬《けんば》の労《ろう》（犬や馬のように、主君のために尽くすこと）を効《いた》そうとはしない。彼は卑怯者である。腰抜けである」と罵《ののし》った。

けれども福沢翁は、薩長《さっちょう》が勝って幕府が倒れようとも、幕府が立って薩長が敗《やぶ》れようとも、いずれにせよ蝸牛角上《かぎゅうかくじょう》の紛争（カタツムリの左右の角が争うような小さな戦い）にすぎず、日本という一国の興廃《こうはい》にはそこまでの関係がないとされた。

さらに、環視《かんし》（周囲ぐるり）の世界の大勢を見よといい、西洋の文明は日々夜々《にちにちやや》にわが国を威迫《いはく》して止まない。その今日の勢いからして、これに勝たなくては、ただ敗れるのみである。われは、わが国の文明を進歩させて、それと対抗し、それに打ち勝てるようにするため、一臂《いっぴ》（微力ながら）の努力をなそうとしているだけだといって、少しも世間の毀誉《きよ》を意に介さなかった。

そのため、さまざまな迫害が幾度かあり、刺客の奇禍《きか》にも逢《あ》われたが、幸いに無事であった。

そして、その後の時勢が一転して明治の新政権となって、どのような現象が起こったかといえば、かつての慷慨家連中は競って建白《けんぱく》（上に意見書を申し立てる）して、官《かん》（役人の仕事）を得た。そして福沢翁にも、勤めを得たいのであれば、建白するのがよいといった。

当時、「政は新たにして、人才を思う」の時節であったために、いやしくも一技一能のあるものが自薦《じせん》すれば、たいていは登庸《とうよう》（登用）された。それで、みずからを薦める方法が、この建白であったのだ。

学者が時務《じむ》（そのときの急務）を論じて太政官《だじょうかん》に出すと、太政官がその才能を認めて官に登庸したのだったが、当時は漢文が嫌われ、建白にも一定の文体があって、「掛《か》け巻《ま》くも、綾《あや》に畏《かしこ》し」といったふうの冒頭《かきおこし》でなければならなかった。

しかし、かつての慷慨家たちは多くが漢文仕込みの人たちで、漢文なら書けても、祝詞《のりと》風の国文《こくぶん》になっては筆が動かない。ここではたと困るわけだが、需用（需要）のあるところに供給あり。建白文を書く専門のものがおり、慷慨家たちはそれらに頼んで書いてもらってから、ようやくにして提出するというような手続きをしたのである。彼らの心術《しんじゅつ》のさもしさは明瞭に見え透《す》いている。

が、福沢翁は、こういう徒の勧告を白眼視《はくがんし》して冷笑《れいしょう》に付し、まったく禄仕《ろくし》（役人仕事で俸給を受けとる）から遠ざかり、依然として生徒を集めては、飽きることなく泰西《たいせい》（西洋）の学術の講演にのみ勉められた。そこに、かつての慷慨家たちに見られたような顔色はないのである。

福沢翁の人物の高邁《こうまい》さには、孤鶴《こかく》が大空を行くようなものがある。これこそ、今日に至るまで、翁の風采を想望《そうぼう》（慕《した》って仰《あお》ぐ）して忘れることができないゆえんである。

われが今日の国民に希望するのは、この福沢翁の心事《しんじ》（心中）をわが心事とすることである。それは、大所《たいしょ》から達観して時務を知って誤ることなく、堅忍不抜《けんにんふばつ》（強い意志で堪《た》え忍ぶ）の信念を絶やさず、破壊すべき旧物を破壊し、建設すべき新物を建設し、これによってわが国運を天壌《てんじょう》とともに窮《きわ》まりなく（天地とともに永遠に）発展させて止まないということに他ならない。

解説

永遠に変わらない民族性

本書には印象的なキーワードがいくつかあったと思う。

・支那人には、遺伝性、遺伝的疾患というべきものがある。
「忘恩《ぼうおん》と背信の行為の多いことは、まったく顰蹙《ひんしゅく》の極《きわ》みであるが、このようなことは、ほとんどその遺伝性によるものである」(10ページ)
「長い期間続いてきた遺伝的疾患はゆらぐことなく、容易に抜くことのできないものであることを」(11ページ)

・支那人は、すぐに忘れて、元に戻る。
「支那というのはどういうわけか、敵国外患が起こったことで、ある程度まで覚醒し、新文明に移ろうと努力しているのかと思えば、困難が去ると、すぐさま逆戻りしてしまう。

それが平常の状態である」（10ページ）

「威圧すれば、非常な恐怖心を生じ、恐怖心はやがて依頼心となり、そして、表面に現われたところだけで見れば、大いに謝恩の感情が高まっている。それなら、この状態が継続していくべきはずなのに、喉元《のどもと》を過ぎるとすぐに熱さを忘れてしまう。いつも苦しいときの神頼みである」（22ページ）

・支那人は、進歩がない。

「支那では、法律といえば、ただ刑法のみをあらわし、民法による民事裁判のようなものは成立してこなかった。これが徹頭徹尾《てっとうてつび》（はじめから終わりまで）、支那の発展進歩を妨げ、た、癒《いや》すことのできない（不治の）病根《びょうこん》であったのだ」（65ページ）

「支那の政治は、進歩どころか、かえって大きく退歩した。その後にも、われわれから見れば、乗じるべき革命の機会は幾度もあったにもかかわらず、これをあえて行なうものはなかった」（151ページ）

つまりかの国では、幾度の革命と王朝の興亡が起こりながら、その民族性は、まったく不変である。それは過去もそうであったし、未来もそうだというのが、著者大隈重信の結論である。

支那と中国

そもそも、中国を「支那」と呼ぶ時点で、「支那は中国人が嫌がる差別語なのだから使うのをやめよう」と教えられている現代日本人には、ドギツイかもしれない。一方で、インターネットの保守あるいは右翼的ないわゆる「ネトウヨ」、時に排外的な言論に慣れている人の目から見れば、何の変哲もない言説に思えたのではないか。

同じ内容の同じ表現を読んでも、人によって印象はまったく変わる。これは、本書が出版された大正デモクラシーの時代でも同じだった。大隈の言葉を借りるまでもないが、それこそ「進歩がない」のかもしれない。我々、日本人も。

なお、「支那と使うのをやめ、中国と呼ぼう」との通達を出したのは、大隈が創始した立憲改進党《りっけんかいしんとう》の末裔である立憲民政党《みんせいとう》内閣のときだった。昭和五年十月二十九日、時の幣原《しではら》喜重郎《きじゅうろう》外相は日中友好の観点から、この通達を閣議決定させる。一般には定着しなかったが、今度は幣原が首相の座にあった昭和二十年、占領軍の命令で「支那」の使用が禁止され、「中国」の呼称が徹底し、いまに至る。

学術的に厳密に定義すれば、「支那」と「中国」は別の単語だ。いずれもChinaの訳語として使われるから面倒だが、「支那」と「中国」とを使い分けできるかどうかが、この厄介な隣人を理解する第一歩だ。

「支那」とはChinaの訳語であり、地理的概念である。語源は、秦《しん》である。日本以外の国で差別語の意味合いととられることはない。ついでに言うと、日本でもChinaを差別語として扱う風潮は皆無である。

万里《ばんり》の長城《ちょうじょう》の内側に住むのが漢民族だが、王朝は「秦・漢《かん》・魏《ぎ》・晋《しん》・隋《ずい》・唐《とう》……」と次々と替わる。古代中世の日本人はその時々の王朝名でChinaのことを呼んだが、そのときの王朝だけでなく歴史的民族的に彼らを呼ぶときは、「唐」「唐土」などと使うこともあった。いずれも読み方は「もろこし」であり、意味は「支那」「China」と同じである。

それに対し、「中国」は文化的概念である。「中華帝国」の略称でもある。「中華」とは、「宇宙の中心」の意味であり、皇帝の存在する「中華」の周辺は、野蛮の生息地との概念である。たとえば日本などは「東夷」であり、「東のムジナ」である。

このような夜郎自大《やろうじだい》な感覚はともかく、現実の中華王朝はけっして精強ではなかった。それどころか、古代以来、周辺諸民族に何度も征服されている。元《げん》はモンゴル人が支那人の王朝である宋《そう》を滅ぼし、支那の土地を占領し、支那人を支配した王朝である。清《しん》は同じように満洲《まんしゅう》人が支那人を支配した国だ。モンゴル人のハーンも満洲人の族長も、中華皇帝を兼ねたが、漢民族ではない。だから、中国人かもしれないが、支那人ではないのだ。

これは近世に限った話ではなく、大隈が本書で指摘しているように古代の周《しゅう》王朝からして、西戎《せいじゅう》に滅ぼされている。

大隈の語り口からは、「まず、支那の実態から見よう」との意識が伝わってくる。大正時代も、こんな話をしなければならなかったのは、現代と大して変わらない。

大久保利通に引き立てられる

大隈重信は、近代日本の一面を体現した人物だ。

天保《てんぽう》九年（一八三八）、佐賀肥前藩《さがひぜん》に生まれた大隈は、若くして時局に関心を持ち、オランダ語を修める。佐賀は今でも教育に熱心な土地柄であるが、早くから工業その他で独自の近代化政策を推し進めていたという環境もあり、大隈はテクノクラートとして出世していく。

大隈は、江戸幕府打倒を目指す長州《ちょうしゅう》との連携を説き、中央政局への関与を訴えた。しかし、肥前は佐幕《さばく》を旨としており、その言が受け入れられるのは鳥羽伏見《とばふしみ》の戦いで徳川将軍家の衰勢が誰の目にも明らかになったからだった。明治政府は、しばしば「薩長土肥《さっちょうどひ》」と称されるが、肥前は薩摩《さつま》・長州・土佐《とさ》に比べて明らかに遅れてきた藩だった。そのことが薩長の内心に含むところがあり、大隈の生涯にも影響していく。

新政府の事実上の首班は、薩摩の大久保利通《おおくぼとしみち》だった。大久保は苛烈《かれつ》で孤高な反面、情実にとらわれることのない人材登用を行ない、肥前の大隈のことも差別することなく登用した。

大久保は最初に国の徴税と予算を司《つかさど》る大蔵省を政府の基礎としようとし、その権限が大きくなりすぎたので、次いで内務省を分離させ、自らその長である内務卿《きょう》に就《つ》いて国政を指導した。これを大蔵卿として支えたのが大隈だった。

大隈は同じ薩摩でも西郷隆盛《さいごうたかもり》のことは蛇蝎《だかつ》の如く嫌ったが、大久保には生涯の忠誠を捧げた。佐賀の盟友の江藤新平《えとうしんぺい》が大久保と対立したときも、江藤と行動を異《こと》にしている。西郷が江藤ら政府高官の半分を引き連れて下野した明治六年（一八七三）の政変では、大久保の留守政府に残り、江藤が佐賀の乱を起こしたときは、現地で陣頭指揮を執《と》る大久保に代わり東京の政府を守った。

大久保の苛烈な性格はしばしば周囲との軋轢《あつれき》を生み、西南《せいなん》の役《えき》で悲劇的な結末を迎える竹馬の友の西郷をはじめ、三条実美《さんじょうさねとみ》・岩倉具視《いわくらともみ》・木戸孝允《きどたかよし》らとも激しく対立した。こうした際も常に大久保の旗下にあったのが、大隈であり、長州出身の伊藤博文《いとうひろぶみ》である。

なお明治ヒトケタ年代は、ロシアとの千島樺太《ちしまからふと》交換条約、琉球《りゅうきゅう》・台湾・朝鮮をめぐる清との一連の交渉、小笠原《おがさわら》帰属権をめぐる英米との外交など、対外的な課題に直面していた。大久保は時に北京に乗りこんでまで対処するが、この過程を大隈は政府の一員としてつぶさに観察している。

明治十一年（一八七八）、大久保が志《こころざし》半《なか》ばで刺客の手に斃《たお》れると、形式的には引き続き有栖川宮《ありすがわのみや》・三条・岩倉の三人の公家が政府の首班となるが、実質は大隈・伊藤に、長州の井上馨《いのうえかおる》の三人、さらに薩摩の領袖《りょうしゅう》の地位を継ぐ黒田清隆《くろだきよたか》が政権を切り盛りしていく。

強烈な個性だった大久保、それに三傑といわれた西郷や木戸の相次ぐ死により、前時代と比べて政府は軽量級と目された。これを揺さぶったのが、明治六年の政変で下野していた、土佐の板垣退助《いたがきたいすけ》である。

板垣と大隈

板垣は「憲法制定」「議会開設」を要求する自由民権運動を全国的に広げて、政府批判の世論を形成した。

明治政府の存在意義は、外国から不平等条約を押しつけられるような弱い国から脱し、「文明国」になることである。だから、欧米のような立派な憲法を持ち、議会を開け。選挙によって国民の意見を聞く政治を行ない、大久保以来の「有司専制《ゆうしせんせい》」（特定の藩出身者によって独占される政治）をやめよ。

板垣の動機には政局臭が強く含まれていたが、言っている内容そのものは正論であり、明治政府の課題であることは誰もが認めるところだった。ただ、それを、いつ、どのようなやり方で行なうか。

改革派の伊藤博文が守旧派を代表する公家の岩倉具視に憲法や民選議会の必要性を説得したとき、大隈は沈黙を守っていたので、周囲はその行動を注視していた。大隈は、改革と守旧のどちらに着《つ》くのか。

すると、大隈は突如として宮中に参内《さんだい》し、「即時憲法制定」「議会開設」「二大政党制の実現」を上奏した。完全なスタンドプレーである。西南の役の傷もまだ癒《い》えていないときにイギリス型民主主義を導入するなど、世論受けを狙った非現実論にすぎない。これに岩倉と伊藤が激怒し、大隈は大蔵卿を諭旨免官《ゆしめんかん》され、政府から大隈の徒党が一掃された。明治十四年（一八八一）の政変である。

下野した大隈は教育者の道を歩もうとして、東京専門学校を創設する。後の早稲田大学である。だが、世間が大隈を政治の世界に引き戻す。

自由民権運動の中心人物であった板垣は、地方の地主の代表だった。それと、都市インテリ層の主張と利益が一致するとは限らない。大隈は後者の代表として担ぎ上げられ、在野の政治家として再び表舞台に登場する。

政党政治の離合集散《りごうしゅうさん》はこのころからだが、昭和初期には大隈と板垣が二大政党の両翼を担う。板垣の作った自由党は後に政友会《せいゆうかい》として、大隈の改進党は同志会《どうし》〜憲政会《けんせい》〜民政党として発展する（そして政友会の後身の自由党と、民政党の末裔である日本民主党が合同し、今の自由民主党になるのは遥《はる》か後の話）。

板垣が長州閥と結びついたのに対し、大隈は黒田清隆や松方正義《まつかたまさよし》ら薩摩閥と結びつく傾向があった。大隈は外務大臣として藩閥《はんばつ》政府に入閣し、不平等条約改正交渉にあたる。その成果の白眉《はくび》がメキシコに不平等条約を撤回させたことだろう。しかし代償は大きく、大隈のやり方に不満を持つ右翼団体玄洋社《げんようしゃ》のテロリストが放った爆弾により、右足を失うという重傷を負った。

このとき、「文明の利器で負傷するとは名誉である」と嘯《うそぶ》いたとの話が伝わる。

明治二十三年（一八九〇）の第一回帝国議会開会以来、藩閥政府は予算権限を握る衆議院で多数を取れなかった。板垣や大隈に頭を下げて予算を通してもらい、そこで政権のエネルギーが尽きて退陣するのを繰り返していた。日清戦争を乗り切るときも、議会対策に多大なエネルギーを払わねばならなかった。

二度、首相になる

そうした政治状況を繰り返してきた明治三十一年（一八九八）、板垣と大隈が突如として大同団結し、衆議院に九割の議席を有する巨大野党・憲政党が登場した。それまで板垣と大隈を交互に使い分けてきた藩閥政府は、ここに万策《ばんさく》が尽きた。

そこで筆頭元老《げんろう》の伊藤博文は捨て身の策に出る。板垣と大隈を次期首班として推薦したのだ。「どちらが総理大臣をやるかは、二人で決めろ」との含みで。結果、大隈が首相となる。これが、隈板《わいはん》内閣である。

ところが、拒否権を行使することは一人前でも、大隈の憲政党に政権担当能力はない。大命降下《たいめいこうか》の初日から組閣本部が勝手に乱立し、猟官《りょうかん》運動で即座に派閥抗争が勃発《ぼっぱつ》。対外政策では、最大の友好国だったアメリカに最後通牒《つうちょう》まがいの文書を突きつける。最後は、尾崎行雄《おざきゆきお》文部大臣の失言をめぐり党内対立の収拾がつかなくなり、わずか四カ月で総辞職に至った。

ここから大隈は長く逼塞《ひっそく》する。日露戦争、日韓併合、辛亥《しんがい》革命に始まる中華民国動乱、憲政擁護運動、これらの大事件に際し、大隈は「過去の人」として政界では忘れ去られた存在となっていた。ただ早稲田大学の弟子たちは、政界やマスコミに次々と送りこまれ、隠然たる勢力を築いていくが。

大正三年（一九一四）、ジーメンス事件が発生する。元老山縣有朋《やまがたありとも》を頂点とする陸軍が、山本権兵衛《やまもとごんのひょうえ》を領袖《りょうしゅう》とする海軍と与党第一党政友会総裁の原敬《はらたかし》をまとめて失脚させようと仕掛けた疑獄事件だ。結果、政友会を与党とする山本内閣は退陣するが、逆に山縣が推した清浦奎吾《きようらけいご》は海軍大臣を得られず組閣流産の憂き目を見た。お互いが拒否権をぶつけ合って潰しあい、政局に空白が生まれた。

ここで山縣に唯一モノが言える元老である井上馨が「大隈首相」という奇策を持ち出し、これに政界は流れた。

大隈は衆議院第二党の同志会を与党とし、その総裁の加藤高明《かとうたかあき》を副総理格の外相として重用した。総選挙では政友会を第一党から叩き落とし、原敬の勢力漸減《ぜんげん》を望む山縣を喜ばせた。大隈と山縣、同い年の両者の蜜月はここまでだった。

本書の背景にある「二十一カ条の要求」問題

　折からの欧州大戦（第一次大戦）の指導をめぐり、山縣や井上ら元老と、外務省出身の加藤は激しく対立する。両者にさほどの大きな路線対立はなかったはずなのだが、それまで慣例となっていた重要外交文書の閲覧を加藤外相が取りやめたことが元老たちの不信を招いた。そして感情的対立が爆発したのが「二十一カ条の要求」問題である。

　大陸動乱にどう対処するか。実は陸軍と外務省に、さほどの対立はない。陸軍は日常的に現地軍閥と付き合い、そこには当然ながら諜報（スパイ）活動に分類されるようなインテリジェンスも含まれ、いざとなれば軍事介入も辞さずとの構えであった。当時、中華民国政府主席は軍閥の袁世凱《えんせいがい》だが、その実効支配の範囲は北京周辺も怪しい。そもそも、外国人の安全など、守る気かどうかも怪しい。

　これに対して外務省は、可能なかぎり「ノータッチのタッチ」で、深入りを避けていた（もちろん、当時「ノータッチのタッチ」という言葉は存在しなかったが、明確な関与は避けながら、情報収集や人間関係を維持し、いつでも介入できる状態にしておいた）。

こうして比べると、どのタイミングで軍事介入するか、日ごろの深入り度をどの程度にとどめるか、という程度問題なのである。

そうした国策の調整のために元老には重要外交文書を閲覧《えつらん》するという慣例があったのだが、加藤は彼らの影響力を削《そ》ごうと対決姿勢を鮮明にした。

それでも戦争指導がうまくいっている間はよかった。参戦初頭、英国の態度が曖昧《あいまい》だったので齟齬《そご》はあったが、いざ戦いが始まってみると日英連合軍は鎧袖一触《がいしゅういっしょく》（あっさり打ち負かす）でドイツ軍を東洋から駆逐《くちく》した。そして山東省《さんとう》にドイツが持っていた権益を接収する。戦勝国として当然の権利である。

ここで大隈内閣加藤外相は、袁世凱に対し「十四カ条の要求」と「七カ条の希望」を伝えた。その内容は、日本でも「一つでも認めたら中国は主権国家ではなくなるほど過激だった」などと評される。

では実際には、どのようなものか。「要求」とは、「山東省からドイツを追い出し、日本の権益を認めること」「（日本が日露戦争で獲得した）南満洲《みなみまんしゅう》での権利を守ること」「（日中合弁で設立した会社である）漢冶萍《かんやひょう》煤鉄公司《ばいてつこうし》の利益を勝手に他の外国に渡さないこと」「中華民国沿岸を勝手に外国に供与や貸与しない（日本の脅威にしない）こと」である。これらはすべて「過去にした約束を守れ」と言っているにすぎない。

「希望」に関しては「日本人顧問を政府で雇うこと」などがあったが、これら七項目は撤回している。

ここで問題なのは、袁世凱に「最後通牒の形式にしてくれ。そうした形で押しつけられた形にしないと私が暗殺される」などと泣きつかれてお人よしにもその通りにすると、かえって「このような要求を突きつけられた」などと世界中にプロパガンダされる始末だった。

これが遠因となり、山縣は倒閣の陰謀に乗りだし、この内閣の退陣を最後に大隈は政界から完全に去るのだが、それは後の話。

こうした背景があって出版されたのが本書である。

アヘン戦争、アロー戦争、太平天国《たいへいてんごく》の乱、曾国藩《そうこくはん》の改革、新疆《しんきょう》ウイグルの乱、壬午《じんご》事変、甲申《こうしん》事変、天津《てんしん》条約、東学党《とうがくとう》の乱、日清戦争、百日変法《ひゃくにちへんぽう》、義和団《ぎわだん》の乱と、大隈の青春時代から第一次内閣退陣直後までの東アジア近代史が語られる。

ほとんどは概説だが、日本近代政治外交史が専門の私も知らない固有名詞がいくつかあったので、読者諸氏はあまりこだわらずに大筋だけ読んでいただければよいと思う。流れるように物語が綴《つづ》られる。

・支那の革命は王朝が交代するだけ。
・孔子の説く「礼」など、後代にいくほど形式的・装飾的。
・古代より四海《しかい》を野蛮とみなす。実態は単なる都市連邦。何度も周辺諸民族に滅ぼされている。
・「朝貢」などと威張るが、実態は貿易にすぎない。
・文を貴《たっと》び、武を卑しむ風潮がある。
・刑法だけあって民法がない。これが社会発展の遅れの原因となっている。
・宗教心がない。

最後の「宗教心がない」の後には、「支那人は、いまもって鬼神説《デーモニズム》の信者である」と続く（「その十五」の見出しでもある）。要するに、「野蛮人である」と言いきっているのである。

今の安倍晋三首相を「右翼」「怖い」「戦前の亡霊」などと攻撃する向きもあるが、ならば大隈重信はどうなるのか。私は寡聞《かぶん》にして、「支那人は野蛮人」と安倍首相が発言したとの話を知らない。

当時の論壇でも、現在の左翼リベラル勢力のような人たちはいた。幕末以来、約五十年。日本人の緊張の糸は張りつめてきた。強くならなければ滅ぼされる。その一心で富国《ふこく》強兵《きょうへい》・殖産興業《しょくさんこうぎょう》に邁進《まいしん》し、国民は相次ぐ増税に耐え、そして国運を賭《か》けた日清・日露の大戦争に勝利した。明治日本人は国家的目標を見事に達した。

だからこそ、この時点から、国家以外の価値をも求めるようになる。一つが、国益に対する地方益である。日露戦後、地方改良（改革）がいわれるようになる。元老たちは日露戦争を戦い抜くに際し、衆議院第一党の政友会の協力を必要とした。その見返りに彼らに言われるがまま鉄道利権などをばらまいた。

また、国民益も求められる。日清・日露両戦争は日本人全体が協力した国民戦争だった。当時の選挙権は納税額によって決められていたが、日露戦争中の大増税は有権者を倍増させた。国を挙げての大戦争に協力したのだから、政治に参加する権利は当然あるはずだ。彼らの声が、大正デモクラシーをもたらす。国家は、もはや唯一至上の価値ではなくなってきた。

「二十一カ条」をめぐる反応

そこに紛《まぎ》れこんだのが、共産主義である。一九一七年（大正六）にロシア革命が起きて、本当に共産主義の国ができるとは知るよしもない。

だからこそ、日本の論壇は無邪気に共産主義を謳歌《おうか》した。

共産主義とは難解な用語で飾り立ててはいるが、突き詰めれば、「世界中の政府を暴力で転覆《てんぷく》して、世界中の金持ちを皆殺しにすれば、全人類が幸せになれる」との幼稚な思想にすぎない。

もちろん〝教祖〟のカール・マルクスをはじめ、共産主義者たちはこんな露骨な表現は滅多に漏《も》らさないが、この通りのことを実行しようと手練手管《てれんてくだ》を駆使した。その代わり、他人を批判するときの舌鋒《ぜっぽう》は正鵠《せいこく》を得ていた。

「機会の均等などというが、人類の歴史の中で、いつ機会が均等であった瞬間があったのだ。人は生まれながらにして不平等であり、階級があり、機会の均等など幻想にすぎないではないか」

といった批判そのものは、社会の矛盾の一面を言い当てている。

現実の生活感を重視する庶民は、「では、その矛盾を解決しようとして余計に社会が悪くなったらどうするのか」という冷静な常識で判断するが、そうではない人たちもいる。学界と論壇である。日本に限ったことではないが、大学教授や評論家といった、知識人を気取るオピニオンリーダーたる人たちは、真っ先に共産主義にかぶれた。その過激な舌鋒は学界や論壇を席捲《せっけん》し、共産主義こそ論壇最強のごとく扱われた。

日本で共産主義を鼓吹《こすい》する勢力は、その思想に従い日本政府の転覆を企図《きと》する。無敵に見える大日本帝国の弱点はどこか。それは大陸問題の処理である。「二十一カ条」は大隈内閣の侵略姿勢として、格好の批判の材料だった。

明治から、「日本と同じような維新をアジア全体で行ない、白人の侵略に対抗しよう」

とのアジア主義は存在した。実行に移そうとする人たちを「大陸浪人」とも呼んだ。折からの辛亥革命に対し、「日支提携《にっし》」の立場から応援していた。とはいうものの、中華民国の内情自体が「軍閥混戦」の大混乱状態なのだから、誰を支援すれば「日支提携」が成立するのか、常に右顧左眄《うこさべん》していた。

そこへ折からの「二十一カ条」である。

大隈内閣は、国策の統一を求める元老、可能なかぎり介入を避けたい外務省、アジア主義の立場からの親中派、論壇の少数ながらも潜伏する過激な批判派。これらすべてに対し説明の要があったのである。

ちなみに、「二十一カ条」に対する意外な擁護者がいる。吉野作造《よしのさくぞう》である。吉野は、大正デモクラシーのオピニオンリーダーとして必ず教科書で紹介される人物であり、時に戦後民主主義の元祖のごとく扱われる。実際、その後半生は「日支提携」に捧げた。

その吉野の「二十一カ条」への反応は、「だいたいにおいて最小限度の要求」とし、「日本の生存のためには必要欠くべからざるもの」とし、「七カ条の希望」を取り下げたのには「甚《はなは》だこれを遺憾とする」と断じた。要するに、「生ぬるい」というのである。このときの吉野の主張は、彼を戦後民主主義の元祖に祭りあげようとする論者を悩ませているが、事実だから仕方がない。

吉野は、東大卒業後の一時期、軍閥・袁世凱の息子の克定《こくてい》の住込み家庭教師をしていた。この時期に徹底した反中に凝り固まっている。腐敗した支那政治家を徹底して嫌っていたのだ。ただ、大陸浪人の宮崎滔天《みやざきとうてん》の紹介で革命派の若者と接触するようになり、祖国を愛する彼らに未来を懸けようと考え、身銭を切って支援しようとするようになる。そうした、中華民国の両面を見たうえで判断すると、「二十一カ条」は生ぬるいのである。

第一次大戦でアジアの事に介入できないヨーロッパ諸国は、「火事場泥棒」と日本を批判した。当然、彼らの本音は「日本はずいぶんと遠慮がちだな」である。本当に火事場泥棒なら、たとえばロシアなら主権国家の一つや二つくらい併合しているだろう（第二次大戦のスターリンはバルト三国をまとめて併合している）。

永遠に解決しない問題

本書は、現職首相である大隈の本音が、かなり露骨に出ている。よくも悪くも、「ネトウヨ」的である。「なぜ、支那のような〝分からず屋〟に、ここまで振り回されねばならないのか」という叫びはよくわかる。

そして、この厄介な隣人とどう付き合うか。

それは現代の私たちの課題でもある。

大隈は、支那のような統治が困難な土地は奪えないとの前提に立つ。そのうえで最低限の当事者能力をつけてほしいとの考えに立つ。「二十一カ条」もその一環だ。

そもそも支那とは何なのか。

孔子に始まる「礼」の国とはいうものの、実態は、額に汗して働く武を蔑《さげす》み、虚飾の文弱に流れるのが、その民族性だ。

漢民族は常に周辺民族に囲まれ、何度も国を乗っ取られている。しかし、ひとたび支那を征服したものは、一様に堕落している。

では、我が日本はどうだったか。

大隈退陣後も、中華民国には何度も煮え湯を飲まされた。「ノータッチのタッチ」は、言うは易《やす》く行なうは難《かた》し。日本人の中華民国への反感はそのたびに醸成されていく。そして、「満蒙《まんもう》問題の解決」「満洲事変の解決」「支那問題の解決」「支那事変の解決」と深入りしていき、最後は世界中を相手として戦争を行ない、遂に力尽きた。

この「問題は解決しなければならない」というのは、日本人特有の病気だろうか。

たとえば、ヨーロッパ人の誰が、「バルカン問題の解決」などと考えるだろうか。中東問題に関し「百年以内に解決する」などと言えば、相手がイスラエル人だろうがイスラム教徒だろうが、「楽観的観測ですね」と答えるだろう。外交音痴では定評のあるアメリカとて、中東紛争や中南米の麻薬問題を解決しようなどと考えて介入しているのではない。問題は解決しないからこそ、問題なのだ。永遠に対処しつづけるしかないのだ。

ところが、日本人だけは問題は解決しなければならないとの強迫観念にとらわれる。これこそが、大陸問題に深入りした原因であろうし、日本人の宿痾《しゆくあ》である。

現代でも、「尖閣《せんかく》問題の解決を」などと唱《とな》える論者が後を絶たない。では、押し寄せる中国籍の船を沈めて気分がよくなればそれで満足なのか。それともいっそ、中国の沿岸まで船を追い詰めて、港を焼き払えば満足なのか。我々にそこまでの覚悟があるのか。

戦前の日本人も、こんな〝ノリ〟で満洲事変ついで支那事変を断行し、「終わらせ方」

を何も考えないままダラダラと戦闘を続け、戦闘に勝つたびに喝采《かっさい》を上げつづけた。

本音では、「いつ終わるのだろう。終わらせてほしい」であったが、それを口にしたものは社会から排除された。その代表格が、斎藤隆夫《さいとうたかお》である。いわゆる反軍演説で、「日清戦争の伊藤博文や日露戦争の桂太郎《かつらたろう》のごとく」、支那事変の終着を説いたが、それゆえに斎藤は議会を除名された。ちなみに、斎藤が東京専門学校（現早稲田大学）首席卒業の弁護士だったことは、本書との関係で因縁が深い。

正論は通らなかった。

結果、大日本帝国は雲散霧消《うんさんむしょう》した。取って代わったのは、中華民国ではなく、共産主義を奉じる中華人民共和国だった。

私には、共産主義者は大正初期以来、日本に対して思想戦を仕掛けてきて、最終的に物質的にも勝利したように見える。これが自分の国かと思うと、あまりの思想や言論の脆弱《ぜいじゃく》に眩暈《めまい》がする。

大日本帝国の絶頂期だった大隈重信の時代ですら、そうなのだ。現代はどうか。中華人民共和国は、満洲、モンゴル、ウイグル、チベットといった周辺民族を併呑《へいどん》し、海洋進出も目論《もくろ》んでいる。

現中国建国の祖、毛沢東《もうたくとう》は徹底的に破壊を尽くした。自ら「政権は銃口の上に成立する」と宣言し、その通りのことを実行した。すべてを破壊したうえで、自らが頂点に君臨し支配する。やっていることは始皇帝《しこうてい》と何ら変わらない。人民解放軍が人民を支配し、その軍を共産党が支配する。そして両者を秘密警察が監視する。軍・共産党・秘密警察の〝三権分立〟である。とはいうものの、歴代中華皇帝は、複数の勢力を意図的に競わせて、その派閥バランスの上に玉座を乗せてきた。

政体が替わっても、中身は同じである。これはこの先、共産党政権でなくなっても、同じだろう。

かつて私は「中国史のパターン」を図式化したことがある（『嘘だらけの日中近現代史』扶桑社、二〇一三年）。
一、新王朝、成立。

二、功臣の粛清。↓
三、対外侵略戦争。↓
四、漢字の一斉《いっせい》改変と改竄《かいざん》歴史書の作成。↓
五、閨閥《けいばつ》、宦官《かんがん》、官僚など皇帝側近の跳梁《ちょうりょう》。↓
六、秘密結社の乱立と農民反乱の全国化。↓
七、地方軍閥の中央侵入。↓
一、へ戻る。

大隈重信の時代の中華民国は「七」、いまの中華人民共和国は「五」に当たるだろう。いまだ支那大陸の歴史で、このパターンから抜け出た政権は一つもない。

本書で注目したことの一つが、日本は平安時代に「支那化」したが、源頼朝《みなもとのよりとも》がその悪弊を断ち切ったとの指摘だ。

ここに現代日本が支那大陸と付き合うヒントがあるように思う。

大隈の時代と現代の最大の違いは、軍事力だ。

もはや無敵の大日本帝国陸海軍は存在しない。自衛隊に同じことを求めても酷《こく》だ。また、しょせんは傭兵《ようへい》にすぎない在日米軍に求めるなど愚《ぐ》の骨頂《こっちょう》だ。

そもそも、帝国陸海軍があったのに、大陸問題への対処を間違えて滅んだのが大日本帝国なのだ。我々のほうが遙かに困難な時代を生きている。

しかし、幕末の志士と比べればどうだろうか。

大隈重信も含め、多くの若者が祖国の危機を感じながら、何もできないもどかしさに苦しんでいた。しかし、情報を集め、勉学を積み、社会における自分の地位を高め、時を待った。

時が来るまで己《おのれ》の修練をやめなかったのだ。

さらに言うなら、大隈は生涯において一度も周囲との摩擦《まさつ》を恐れなかった。

日々のニュースを聞き、中国の脅威を感じ、あるいは嫌悪感を抱《いだ》く。しかし、日本政府の軟弱に憤《いきどお》っている方は多いと思う。

そういう方に、お読みいただければと思い、本書を推薦する。

倉山　満

大隈重信《おおくましげのぶ》、中国人《ちゅうごくじん》を大《おお》いに論《ろん》ず
現代語訳《げんだいごやく》『日支民族性論《にっしみんぞくせいろん》』

平成28年９月10日　初版第１刷発行

著　　者　大《おお》隈《くま》重《しげ》信《のぶ》
監 修 者　倉《くら》山《やま》　満《みつる》
発 行 者　辻　浩明
発 行 所　祥《しょう》伝《でん》社《しゃ》
〒101-8701
東京都千代田区神田神保町 3-3
☎03(3265)2081(販売部)
☎03(3265)1084(編集部)
☎03(3265)3622(業務部)

印　　刷　堀内印刷
製　　本　積信堂

ISBN978-4-396-61574-1 C0022　Printed in Japan
祥伝社のホームページ・http://www.shodensha.co.jp/